創造點子的科學

結合腦科學與心理學，將靈光一閃的腦中迷霧，
化為具說服力的好企畫！

Pawpaw Poroduction◎著

黃姿瑋◎譯

晨星出版

前言

　　腦中雖有朦朧的概念，卻不知該如何傳達給對方；想將點子具體說明出來時，就會瞬間煙消雲散；甚至，連基本的點子都無法成形⋯⋯

　　將腦海裡的點子順利表現並傳達出去，實在太困難了。

　　對於企畫、設計、服務業等需要發想點子的從業人員來說，這樣的感嘆肯定不陌生。即使工作上不會用到，當我們需要計劃與家人朋友同樂的旅行，或者籌備活動時，構思點子想必也是許多人共通的煩惱。為了解決這些困擾，市面上出版了各種說明創意發想方法的書籍。

　　只不過，那些書多半都是由已經活躍在企畫界的成功人士，以自身經歷為主歸納而成的經驗談。一般人雖然也能從中學到許多東西，但如果實際去模仿那些做法，卻未必可行。不僅如此，由於缺乏科學理論證據，讀者往往無法充分理解「為什麼會這樣」，只能抱著半信半疑的心態做下去。

● 本書的特色

　　本書的目標，就是從腦科學和心理學的科學觀點出發，一一解析如何「創造」點子、將點子漂亮地「展現」，並充分「傳達」給對方，包括許多實用的心理技巧，讓你可以利用大腦的思考機制想出好點子，再因應當下需求影響他人。

　　為了讓初學者也能輕鬆理解，本書會盡可能將專業的理論拆解說明。此外也匯集了諸多小竅門，以期讓中高階學習者獲得新知與啟發。除了簡單易讀，讀完後也要能學到進階知識的使用技巧才是。不僅止於「這種表現方式很好」，而要更進一步探討「為什麼這種表現方式很好」。

● 為什麼要寫這本書

　　筆者Pawpaw Poroduction平時的工作就是利用心理學知識，製作各種企畫、改良企業商品或服務，以及提供企業顧問諮詢。在各類場合中，都見過許多人為了點子發想而腸枯思竭的身影。

　　立志成為汽車設計師的學生，腦中雖有極為嶄新有趣的設計概念，卻不知道該怎麼表達出來而傷透腦筋；電視台裡負責增加收視率的人，即使做了未來目標觀眾的受眾分析，卻仍苦惱於用什麼方式才能吸引到他們；還有製造業的開發人員，明明寫出了很棒的商品企畫，卻沒辦法好好向公司內部說明商品的優

點，困擾不已。

　　一路看過各種實際狀況後，筆者體會到「創造」「展現」和「傳達」點子的必要性，便決定撰寫一本不單停留於經驗談，而能更加深入的書。

　　透過驗證成功者的方法、探索常見定律背後的依據，將之與腦科學和心理學結合。此外也建立假設並逐一證明，從中歸納出有根據、或具有類似或者相同效果，因而擁有強力推論支持的結論。

　　雖然這些理論存在個人差異，不見得每個人都能認同並獲得顯著的效果，然而是否具備這樣的知識，在創意發想時還是能造成很大的差別。期待讀者們可以活用本書，以彌補不足、強化長處。

　　附帶一提，本書將由一群頭戴小花的猴子為大家帶路，牠們被稱為「米猴」，會藉由頭上花朵的顏色來表現情感。希望可以和牠們共同努力，成為更好的生命體。讓我們感謝米猴的協助，一起探索點子的「祕密」吧！

Pawpaw Poroduction

CONTENTS

前言 ·· 3

💡 序章 **點子之謎** ······························ 9

點子是何時產生的？ ······················ 10

點子在大腦中是如何形成的？ ·········· 14

有效率催生新點子的步驟 ················ 18

專欄 一旦拒絕前進，就到此為止了 ······ 24

專欄 「靈光一閃」與「直覺」 ············ 26

💡 第1章 **「創造」點子的
基礎訓練** ··················· 27

在記憶上建立情感的索引 ················ 28

讓記憶更容易取出來 ······················ 30

別小看「筆記」的力量 ·················· 32

記住後就立刻入睡 ························· 34

對於新產品和奇妙的事物保有興趣 ··· 36

即使毫無根據，也要充滿自信！ ······ 40

多看催淚電影 ······························ 42

對笑更加敏感 ······························ 44

擁有武器？不，要為武器塗上毒藥 ··· 46

唯有這個弱點必須修正 ·················· 48

找到大人的「祕密基地」 ··············· 50

未戰先勝的方法 ··························· 52

專欄 「察覺力」與創造性 ·············· 54

💡 第2章 **「創造」點子的技巧** ···· 55

發想點子前，先畫出設計圖 ············ 56

5個基本點子發想法和理論性框架 ····· 60

基本1 「加法」 ······························ 62

基本2 「減法」 ······························ 66

基本3 「誇張化」 ··························· 67

基本4 「轉換法」 ··························· 68

基本5 「顛覆法」 ··························· 69

其他基本點子發想法 ······················ 70

創造點子的科學

結合腦科學與心理學，將靈光一閃的腦中迷霧，化為具說服力的好企畫！

列出所有問題，提出改善方案 ⋯⋯⋯⋯⋯⋯⋯ 74

5個為什麼分析法 ⋯⋯⋯⋯⋯⋯⋯⋯⋯⋯⋯⋯⋯ 78

1個人的腦力激盪 ⋯⋯⋯⋯⋯⋯⋯⋯⋯⋯⋯⋯⋯ 80

假設思考法 ⋯⋯⋯⋯⋯⋯⋯⋯⋯⋯⋯⋯⋯⋯⋯⋯ 82

邏輯樹分析法 ⋯⋯⋯⋯⋯⋯⋯⋯⋯⋯⋯⋯⋯⋯⋯ 84

把自己物化 ⋯⋯⋯⋯⋯⋯⋯⋯⋯⋯⋯⋯⋯⋯⋯⋯ 86

第3章 「放空」點子的技巧 ⋯⋯⋯⋯⋯⋯ 87

6個基本直覺促進法和直覺性框架 ⋯⋯⋯⋯⋯⋯ 88

基本1 「走路」 ⋯⋯⋯⋯⋯⋯⋯⋯⋯⋯⋯⋯⋯ 90

基本2 「泡澡」 ⋯⋯⋯⋯⋯⋯⋯⋯⋯⋯⋯⋯⋯ 92

基本3 「睡眠」 ⋯⋯⋯⋯⋯⋯⋯⋯⋯⋯⋯⋯⋯ 94

基本4 「閱讀筆記、雜誌、漫畫或書籍」 ⋯⋯ 96

基本5 「說給別人聽」 ⋯⋯⋯⋯⋯⋯⋯⋯⋯⋯ 98

基本6 「小酌」 ⋯⋯⋯⋯⋯⋯⋯⋯⋯⋯⋯⋯⋯ 100

偶然機運？誘發法 ⋯⋯⋯⋯⋯⋯⋯⋯⋯⋯⋯⋯⋯ 102

點子接龍 ⋯⋯⋯⋯⋯⋯⋯⋯⋯⋯⋯⋯⋯⋯⋯⋯⋯ 104

專欄 「放鬆」與創造性 ⋯⋯⋯⋯⋯⋯⋯⋯⋯ 106

第4章 「整理」點子的
        企劃技巧 ⋯⋯⋯⋯⋯⋯⋯⋯⋯⋯ 107

將點子昇華為「企畫」 ⋯⋯⋯⋯⋯⋯⋯⋯⋯⋯⋯ 108

確認點子的「背景」 ⋯⋯⋯⋯⋯⋯⋯⋯⋯⋯⋯⋯ 110

點子是否循「概念」而行？ ⋯⋯⋯⋯⋯⋯⋯⋯⋯ 112

點子要幾個才夠？ ⋯⋯⋯⋯⋯⋯⋯⋯⋯⋯⋯⋯⋯ 116

專欄 設定概念時的參考資料 ⋯⋯⋯⋯⋯⋯⋯ 118

第5章 「展現」點子的
        方法大全 ⋯⋯⋯⋯⋯⋯⋯⋯⋯⋯ 119

將點子歸納為企畫書、提案書 ⋯⋯⋯⋯⋯⋯⋯⋯ 120

企畫書模板 ⋯⋯⋯⋯⋯⋯⋯⋯⋯⋯⋯⋯⋯⋯⋯⋯ 122

在封面使用人臉 ⋯⋯⋯⋯⋯⋯⋯⋯⋯⋯⋯⋯⋯⋯ 130

標題要「短而有力」 ⋯⋯⋯⋯⋯⋯⋯⋯⋯⋯⋯⋯ 132

用「書面語」展現文字 ⋯⋯⋯⋯⋯⋯⋯⋯⋯⋯⋯ 134

CONTENTS

好文章應當「短小」 …………………………………………… 136

提高認知速度的「塊狀編輯法」 ………………………… 138

「吸睛」的企畫書要先說結論 …………………………… 140

利用「顏色」留下印象的色彩戰略 …………………… 142

框出來的「說服力」 …………………………………………… 144

把想通過的提案放在「左上」 ………………………… 146

用「問卷調查」說服別人 ………………………………… 148

刻意「顯露缺點」 ……………………………………………… 150

1份好企畫的必備事項 …………………………………… 152

企畫書、提案書範例（1頁企畫書） ……………… 154

企畫書需反覆琢磨 …………………………………………… 160

第6章 「傳達」點子的
心理技巧 …………………… 161

這樣準備就不會緊張了 …………………………………… 162

讓負責人「成為你的同伴」 …………………………… 166

準備1份效果好的投影片 ………………………………… 168

最初要有「簡介」，最後要有「總結」 ………… 170

善用「比較」與「視覺」 ………………………………… 172

「溫和堅定」的效果 ………………………………………… 174

「重複」與「沉默」 ………………………………………… 176

要「厚待」在提案時點頭的人 ……………………… 178

「易懂性」需建立在「捨棄」與「連結」 …… 180

「熱情」可以推動提案 …………………………………… 182

後記 …………………………………………………………………… 184

參考文獻 ……………………………………………………………… 186

索引 …………………………………………………………………… 187

序章

點子之謎

　　話說從頭，點子在大腦中是如何形成的？產生點子後，又要怎麼做才能好好向別人說明？序章將解說點子在腦中形成的機制，以及將點子傳達出去的最佳流程。

點子是何時產生的？
～點子誕生之處①～

　　我們每天都要面對各式各樣的問題。除了以思考問題解決方案為業的人之外，普通人每天也必須做出各種判斷並想出相應的點子，有時是解決問題的方法，有時是全新的思考方向。當你需要這些點子時，會怎麼做呢？是一個勁兒地埋頭苦想，還是應該到哪裡走走尋求刺激呢……

　　說起來，點子要在什麼時候才會在腦海中浮現呢？

　　首先，來看看特定領域的成功人士和知名的歷史人物是如何創造點子的。就透過實際觀察點子的發想方法，來探討點子產生的機制。

　　第一個登場的，是曾出現在高中化學課本，最近在土壤汙染議題上也時有所聞的苯。苯由碳原子和氫原子構成，是一種單純的基礎化合物。人們發現苯之後，有好一段時間都不知道苯是什麼形狀。德國科學家奧古斯特·凱庫勒（August Kekulé）也曾研究過苯的結構，但無論如何都解不開苯的形狀之謎。某天，凱庫勒夢到一條咬住自己尾巴、繞成圓圈狀的蛇。以此為啟發，凱庫勒才想出了由6個單鍵與雙鍵組成的構造，也就是苯環。這個故事或許有些誇大，不過從夢境獲得靈感的例子，確實屢見不鮮。

　　發明家伊萊亞斯·豪（Elias Howe）在夢中見到戰士拿著前端開了孔洞的長矛，據此製造出實用版的縫紉機，現代的縫

凱庫勒從夢中的銜尾蛇，啟發出苯環的形狀

紉機同樣繼承了這個結構；而英國作家羅伯特·路易斯·史蒂文森（Robert Louis Stevenson）據說也是做了具有雙重人格暗示的夢，才創作出《化身博士》（Strange Case of Dr Jekyll and Mr Hyde）；天才畫家薩爾瓦多·達利（Salvador Dalí）會利用極短時間的午睡來刺激靈感；榮獲諾貝爾物理學獎的湯川秀樹博士則在夢境中得到原子結構的啟示；而披頭四的名曲〈Yesterday〉，據說也是保羅·麥卡尼（Paul McCartney）在夢中創作的。

　　科學家、畫家、醫生、音樂家，各領域的名人都曾在夢裡獲得新發明或新發現。看來我們可以假設，點子的發想，似乎和「夢」有著某種關係。

伊萊亞斯·豪夢到戰士的長矛前端有孔洞，因此發明了實用縫紉機

點子是何時產生的？
～點子誕生之處②～

　　我們接著看蘋果公司（Apple）的共同創辦人，全球知名的企業家史帝夫·賈伯斯（Steve Jobs）。當他需要構思新點子或整理思緒時，他會散步。Facebook的創辦人馬克·祖克柏（Mark Zuckerberg）也喜歡邊散步邊開會，根據《紐約時報》報導，祖克柏會和想挖角的人才一起散步，同時說服對方加入Facebook。在藝術領域中，則有喜歡從散步獲得靈感的貝多芬，就算雨天他也會出門散步，甚至連帽子都不戴。這些成功人士，似乎都在散步的過程中，創造出震撼人心的作品。

賈伯斯會在散步時構思許多新點子

　　也有人是在洗澡時蒸騰出新的想法。世界級的暢銷作家阿嘉莎·克莉絲蒂（Agatha Christie）會在浴缸泡澡時一邊啃著硬梆梆的蘋果，一邊構思推理小說的詭計。而說到泡澡，自然

也不能忘記阿基米德。他在泡澡放鬆身心時，看見澡盆裡的熱水向外溢出，因此發現了阿基米德浮力原理。日本戰國時代的武田信玄也有類似的趣聞，據說他經常關在茅廁思索戰略，甚至會在裡頭待上一整晚。

- **睡夢中**
- **散步時**
- **泡澡或上廁所**

　　簡單統整如上。當然，還有更多名人是用其他各種方式進行創意發想、獲得靈感提示，這裡介紹的三種方法只是一小部分而已。這三種方法乍看毫無關聯，其實擁有一個共通點。

　　那就是，當我們必須想出新點子時，不要只是坐在桌子前拚命思考，要採取像「睡眠」「散步」或「泡澡」等**不同於直接思考的行動**。在這其中，隱藏了一個與點子誕生機制相關的小祕密。

　　各位知道「試著做構思點子以外的事」這個方法後，下一節就來看看點子誕生的基地——大腦吧！

點子在大腦中是如何形成的？
～「理論」與「直覺」的雙重系統①～

那麼，點子究竟是如何在腦中誕生的？

在我們構思點子時，大腦會進行複雜的處理工作，很難簡單說明。對於點子的產生機制，腦科學界已有各種研究，但目前的實驗結果仍然莫衷一是，甚至彼此互斥，尚無明確的答案。

本書並不是詳細解說腦內運作機制的書，不過還是先在這邊以心理學和腦科學的觀點，簡單說明一下大腦催生和傳達點子的過程。「構思點子的過程，與兩組大腦迴路有關」就是其中較有力的說法。

· 理論系統
· 直覺系統

　　一種是以理論性方式構思點子的系統，另一種則是以直覺性方式構思點子的系統。

這兩種系統都與腦內的「記憶」關係匪淺。當我們「試圖構思點子」時，大腦的運作模式和「試圖回想起什麼」時非常接近。記憶儲存在顳葉等大腦皮質中，可以在額葉這個大腦司令塔的指示下被提取出來。提取出來的資訊，大腦會和其他各

類東西「比較」後進行判斷。依照情況不同，最後做出「可用」「不可用」「好」「壞」等各種判斷。

　　如果覺得點子「可用」，大腦就會往下一步前進；如果覺得「不可用」，就會返回記憶中再次尋找新的記憶資料。找到的記憶如果「可直接使用」，就能直接化為點子；如果因為某些因素無法直接使用，就要以「合成」「誇張」或「置換」等方式加以編修，改頭換面成新點子重新誕生。這就是理論系統的概要。

理論系統的概要

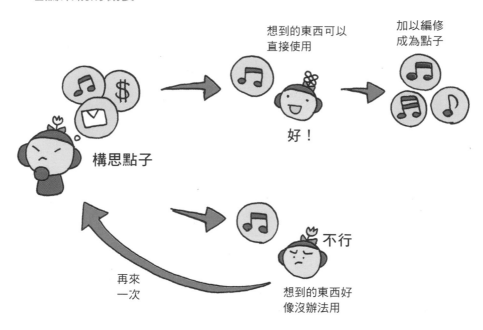

想到的東西可以直接使用

加以編修成為點子

好！

構思點子

再來一次

不行

想到的東西好像沒辦法用

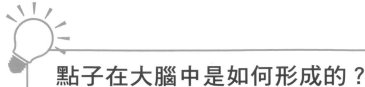

　　理論系統的運作方式是非常耗費力氣的，尤其過程中經常需要比較，對腦來說是很大的負擔。人類對任何事物都會進行比較，然而當比較對象過多時，反而會放棄思考。如果比較的對象不具有一致性，例如較無章法或較感性時，就更容易放棄思考了。

　　相對地，有時我們的思路會抄捷徑，跳過分析直接靠直覺下判斷。這就是直覺系統。

　　這種直覺系統非常強悍有力。大家應該有過正在做其他事時，點子就突然浮現腦海的經驗，這樣的資訊並非來自我們平常感受到的表層意識，而是來自深層意識。直覺往往來得突然，就像天外飛來一筆般神奇，可惜在實際上，這只是一種我們在無意識間使用的思考系統罷了。

　　看到這裡，聰明的讀者們應該已經發現了。本章開頭提到的「睡眠」「散步」和「泡澡」，有時就能啟動大腦的直覺系統。每個人的迴路特性不同，有人細、有人粗，不過請放心，迴路是可以靠訓練變粗的，本書的第1章就會解說大腦迴路的訓練方法。

　　話說，在設計界或音樂界，經常會聽到「模仿與否」的爭論。從點子的產生過程來看，這類話題完全就是無稽之談。基本上，所有事物都是改編自過去的作品，說到底全都是「模

仿」，只差在有意識或無意識而已。

從零構想出點子的人是不存在的。

如果有人認為自己從無到有想出了什麼，那純粹是錯覺。
**點子的真面目，不過就是將既有的點子（資訊）重新編修後的
產物。問題不是「模仿與否」，如何模仿才是重點。**
直接抄襲、完全照搬的方式就是很大的問題。不尊重前人
智慧的模仿是非常粗俗無禮的。

在顧慮他人作品的前提下，一步步模仿著前進，就是基本
做法。不要怕去模仿，不只是你，你所尊敬的老師、對手，甚
至是被稱為業界天才極端例子也一樣，人人都是這樣走過來
的，未來也都會這樣走下去。

有效率催生新點子的步驟
～6階段點子思考法①～

　　那麼，何時使用理論系統比較容易想到新點子、又該在什麼時機啟動直覺系統才對呢？讓我們試著整理點子誕生的過程吧。

　　美國企業家楊傑美（James Webb Young）在他的著作《創意，從無到有》（A Technique for Producing Ideas）中，準確地指出了答案。他將生產創意的過程，歸納為「蒐集資料」「消化資料」「放棄問題」「靈光一閃」和「檢驗創意」5個階段。

　　美國心理學家喬伊・吉爾福特（Joy Guilford）提出兩種思考方式，分別是從既有資訊理論性地通往正確解答的「收束性思考」，以及從既有資訊延伸出去的「擴散性思考」。筆者檢驗這些思考方式背後的科學根據，以腦科學和心理學的觀點，將「如何才能有效率地產生點子並傳達出去」整理為下列階段。

　　▶第 1 階段　蒐集點子的素材

　　▶第 2 階段　「創造」點子（理論系統）

　　▶第 3 階段　停止「創造」（直覺系統）

　　▶第 4 階段　「整理」點子

　　▶第 5 階段　「展現」點子

　　▶第 6 階段　「傳達」點子

對於「沒有靈感」「好像有靈感卻無法成形」的人來說，可以照著這個順序逐步將點子歸納出來。想不到好點子的人，往往會想從第2階段直接跳到第6階段，或不使用第3階段的方法，結果半永久地卡在第2階段，動彈不得。

嗯——　無

還沒經歷第1階段，就算在第2階段停留再久也不會想到新點子

嗯——　叮咚！　欸，呃……

想直接從第2階段跳到第6階段，是會卡關的

有效率地在自己的腦中產生點子，將之整理歸納，確實（且良好）地表現出來，並傳達給對方。這些全都能做到時，點子才真正成形。

所謂的好點子，不能只是自己覺得好，也要對方也覺得「真好」才行，否則便沒有意義。本書提出的這一連串過程，稱為6階段點子思考法。

那麼，接下來就依序解說每個階段吧。

有效率催生新點子的步驟
～6階段點子思考法②～

▶第1階段　蒐集點子的素材

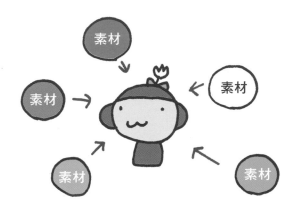

　　點子與記憶相連而生。大膽一點形容的話,點子可說是一種改變了形態的「記憶」。正因如此,我們從平時就要開始蒐集基礎資料,讓大腦預先記憶下來。空蕩蕩的資料庫,不可能生出點子,因為點子是不會憑空出現的。

　　在構思點子時納入新資料確實很重要,但光是這樣,無法贏過那些從平時就伸長了觸角、努力蒐集點子素材的人。關於**「創造」點子的基礎訓練**,第1章將會詳細解說平時蒐集資料和有益於催生點子的方法。

　　包括如何蒐集點子創造基礎的資料在內,也會說明提高記憶力和其他必要能力的原因及做法。如果是現在馬上就必須想出點子的人,應該可以先跳過第1章,直接從第2章開始閱讀。如果覺得有需要進行點子的創造訓練,就請繼續往下閱讀第1章。

▶第2階段 「創造」點子（理論系統）

到了要創造點子時，就要將大腦裡儲存的記憶（點子的素材）取出，對該記憶重新編修，注入名為「點子」的生命力。點子是將既存事物「排列組合」「去蕪存菁」「改變形態」而生的，不能無中生有。在這個階段，創造點子的技術性手法就很好用了。**第2章中，會統整並解說何謂「創造」點子的技巧**。

▶第3階段 停止「創造」（直覺系統）

有時即便已經絞盡腦汁，卻還是想不出新點子。一個勁地苦苦思索，可稱不上是有效率的方法。這種時候，為了「讓大腦活化」，不妨先暫時「停止思考」。利用直覺系統，接受新的刺激以獲得靈感。本書準備了幾個小祕訣，將在**第3章裡說明「放空」點子的技巧**。

有效率催生新點子的步驟
～6階段點子思考法③～

▶第4階段 「整理」點子

　　在第2階段、第3階段產生的點子，必須經過整理。不單是把它們全部蒐集起來就好，必須掌握自己想確認的重點，一邊思考如何用點子解決問題，讓點子昇華成為「企畫」。這樣的整理工作至關重要，可別小看了。第4章從開頭就會解說「整理」點子的企劃技巧。

▶第5階段 「展現」點子

　　如果點子的內在是「本質」，那麼讓點子變得更好看的就是「演出」。本質與演出的關係，就像4輪驅動車的前後輪，如果兩方都表現優異，再崎嶇的道路也能暢行無阻。因此，讓點子變得更好看的「展現」方式就很重要了。優秀的創意人，是不會輕忽這一點的。關於讓點子更加迷人的技巧，將以腦科學和心理學為基礎，在第5章解說「展現」點子的方法大全。

▶第6階段　「傳達」點子

　　就算想出再棒的點子，如果沒辦法把優秀之處傳達給對方，就沒有意義。這種時候，就要運用能讓點子以更好的形象傳達給對方的心理技巧。第6章裡，就會為各位解說「傳達」點子的心理技巧。

6階段點子思考法

> ▶第1階段　蒐集資料，鍛鍊思考迴路
> 　　↓
> ▶第2階段　以理論性方式構思點子
> 　　↓
> ▶第3階段　誘發直覺
> 　　↓
> ▶第4階段　整理想到的點子
> 　　↓
> ▶第5階段　以更好的模樣呈現
> 　　↓
> ▶第6階段　準確地傳達給對方

就是用來說明這一連串過程的理論。

一旦拒絕前進，就到此為止了
～多學起來有益無害～

專欄

有志從事創意發想工作或正在這個行業裡的人，多半都有某種明顯的性格傾向。不過對於像本書這樣的書籍，也不是所有人的態度都一樣。有的人求知慾旺盛，會盡可能多看、多吸收各種知識；有的人才讀了一點點，就覺得「這些我都知道了」，而拒絕繼續看下去。

許多人心中都有著想被他人認可的**承認需求**，以及希望被視為優秀、能幹人才的**尊重需求**，創意工作者的這類需求又特別強烈。這種需求對於刺激自己的努力固然很重要，但有時也會想偷懶地藉由否定、排斥對方，來提高自己的相對優越感。這對自我成長是非常負面的。

如果我們的潛意識（無意識的部分）發現比起提升自己，貶低他人要輕鬆得多，就會更加偏向否定對方，而逐漸忘記要提升自我。長久下來，會對自己造成很嚴重的損失。無論面對什麼樣的書或人，都要嘗試從中學習吸收，才是對自己有益的。

不過，世上還是存在許多無謂的事物，不可能一一耗費時間在上面。因此重要的是抱著想挑出好東西，並儘量從中獲得什麼的態度。心理上也充滿創意的人，經常會培養如下的思考迴路。

❶ 在拒絕和批判前，先吸收可獲得的資訊。
❷ 磨練自己辨別好東西、壞東西的能力。

Pawpaw Poroduction在各種工作現場和各式各樣的企畫人士合作過，只要是稱得上優秀的人，都具備一眼就能分辨好壞的能力，無一例外。優秀的人不做無謂的事，或者可以說正因不做無謂之事，方能成為優秀人才。❷也可視為成就優秀的必要能力。

　　此外，本書截取了各種學問的切面，以簡潔易懂的方式説明，因此某些特定領域或許也會對此有所批判。不過如果因此就止步不前，就無法創造出新的東西。拒絕是很簡單的，但若本書有什麼能活化點子創造力的東西，筆者還是衷心期望各位能加以吸收應用。

「靈光一閃」與「直覺」
～形容點子誕生的詞彙～

專欄

　　有幾種可以表達點子在腦海中誕生的詞彙，例如文思泉湧、天外飛來一筆等。「靈光一閃」和「直覺」也常被使用，這兩個詞出現時一般都是同義詞，不過也有研究者將它們分開看待。

　　這些研究者認為，從「靈光一閃」裡誕生的點子，其中的邏輯是可以被說明的。意即經過理論性的解釋後，可以讓聽者覺得「原來如此，是這樣啊」。舉例來說，棋士有時會「靈光一閃」地想出下一手棋，如果仔細思考的話，會發現這樣的下法確實是最佳解。另一方面，從「直覺」裡誕生的點子，就是無法以理論性角度說明的。據說「靈光一閃」與「直覺」所使用的大腦部位是不同的，「靈光一閃」使用的是主掌記憶的部位，「直覺」使用的則是主掌潛意識的部位。

　　本書將由理論系統產生的點子形容為「靈光一閃」，由直覺系統產生的點子形容為「直覺」。不過，在直覺系統下出現的點子中，也存在之後才能理解其道理的「靈光一閃」。這兩種點子有時會混在一起，因此筆者認為特意區分詞彙的意義並不大。各位不必太在意這件事，自然地閱讀本書即可。不妨當作額外的小知識了解一下，原來用來表達點子的詞彙，還有這樣的分類。

第1章

「創造」點子的
基礎訓練

▶ 第 1 階段　　蒐集點子的素材

第 2 階段　　「創造」點子（理論系統）

第 3 階段　　停止「創造」（直覺系統）

第 4 階段　　「整理」點子

第 5 階段　　「展現」點子

第 6 階段　　「傳達」點子

　　本章將介紹第 1 階段「蒐集點子素材」的部分，說明平時該做些什麼，才能鍛鍊資料蒐集的能力和記憶力。在實際著手創造點子前，第 1 階段就已經開始了。本章也包括較為基礎的方法，不過可別因此小看了，趁這個機會再次確認內容、打好基礎吧。

在記憶上建立情感的索引
~擁有豐沛的情感／提高記憶力~

　　構成點子素材的資料，就藏在大腦裡。這些資料必須妥善保存，並事先整理好，以便隨時取出。提高自己的記憶力，是創造點子前重要的準備工作。

　　在序章也提過，當我們「試圖構思點子」時，大腦的運作模式和「試圖回想起什麼」時是一樣的。以腦科學的角度，也可以解釋成「創造就是記憶的一部分（再利用）」。

　　不過，記憶很難控制。我們每天都經由感官接受五花八門的資訊，但絕大部分立刻就會遺忘（感覺記憶，Sensory Memory）。進入意識範疇的資訊，會以**短期記憶**（Short-Term Memory）的形式，短暫地保留在「工作記憶」（Working Memory，類似工作檯的地方）裡。接著，該記憶中極少部分較重要或反覆出現的資訊，就會成為**長期記憶**（Long-Term Memory）固定下來。

短期記憶、長期記憶的形成

	資訊	特別注意到的資訊	較重要的反覆出現的資訊
感覺器官 眼、鼻、手	**感覺記憶** 數秒即消失	**短期記憶** 短時間後消失	**長期記憶**

※記憶的定義和記憶的時間，不同研究者有不同說法。

　　在記憶中，奠基於個人經驗的記憶稱為「情節記憶」（Episodic Memory）。例如和誰去哪裡旅遊、吃了什麼，就屬於這一類記憶。另外，自己沒有親身體驗、而是從影像或書籍上得到的知識，則稱為「語義記憶」（Semantic Memory）。作為創造點子的準備工作，我們必須將體驗過的情節記憶，和從

書本等知識得來的語義記憶，轉變為長期記憶保存在大腦裡。

　　位於大腦邊緣系統的「海馬迴」，是負責記憶功能的重要器官。想要增加記憶的效率，重點是將記憶與情感掛勾。以情節記憶為例，比起一般單純的經驗，把「好有趣」「好好吃」「好難過」等情感和記憶連結的話，這份記憶就會更容易被送到海馬迴，也更容易成為長期記憶保留下來。

　　換言之，如果發現有什麼特別想記下來的事，只要把自己的記憶加上情感這個索引就行了。**平常就對各種事物抱持興趣、用心體會，培養能量豐沛的情感，是提高記憶力的方法之一。**

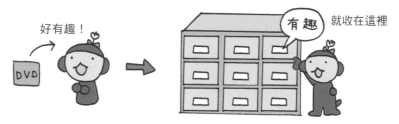

好有趣！

DVD

有趣　就收在這裡

把記憶加上情感的索引就不容易忘記

　　對好的記憶抱有豐富情感的人，就容易留下好的記憶。如果對某件事物產生「這個資訊真不錯」的想法，別在這裡止步，為這個資訊附上「如果是我會怎麼做呢」或「如果這樣用的話會很好玩」的情感吧。

基礎訓練　特訓 1

　　讀書。必須注意的是，讀書不只是瀏覽過去，看到自己覺得特別重要的部分時，要一邊想著「非常同意」「這樣應用應該很有趣」，如此一來記憶就會更容易長留心中。也請各位放入情感閱讀本書吧。

讓記憶更容易取出來
～重複與賦予意義／記憶的保持與喚起～

　　海馬迴會將短期記憶依照時間、順序、地點等進行整理，讓記憶更容易被喚起。想讓短期記憶變成長期記憶固定下來，除了情感的索引外，可以再加上演練的步驟。

　　換句話說，重點就是反覆記憶。例如將情感投射其中觀賞的電影會記得很清楚，反覆多看幾次後，甚至連台詞都可以記住。有益的書籍多讀幾次就能記下來，如果把文字唸出聲音來，記憶就會更加牢固。

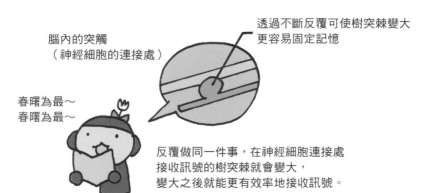

腦內的突觸
（神經細胞的連接處）

透過不斷反覆可使樹突棘變大
更容易固定記憶

春曙為最～
春曙為最～

反覆做同一件事，在神經細胞連接處
接收訊號的樹突棘就會變大，
變大之後就能更有效率地接收訊號。

　　至於提升記憶力，不僅是把記憶儲存下來就好，是否能順利回想起來（提取出來）同樣很重要。

　　實際上，保存在顳葉等大腦皮質的記憶是如何被喚醒的，目前的了解還不多。一般認為喚起記憶也和海馬迴有關，在記憶被送到長期記憶的階段時，也留下了某種容易回想起來的迴路。

　　這種情況下，**比起只記憶1件事，把2件事相互關聯再記憶，會更容易想起來**。想記下數字時，把數字賦予意義就會比

較難忘記，例如從「88520」聯想到「爸爸我愛你」之類的。比較短的數字可以用字鉤記憶法（Peg-word method），將數字轉換為畫面（如1＝椅、2＝鵝、3＝傘等）來記憶，效果也很好。例如可以把「13日」記成「椅子上掛了一把傘」。此外，如果用「星期三下午2點」來記憶，最後很容易會變成「咦，是星期幾啊？」而搞不清楚，若是改用「星期三下午2點，就是我喜歡的電視節目放映的時間」這樣的方式加以連結，就比較難忘記，也比較容易想起來。

強化記憶力

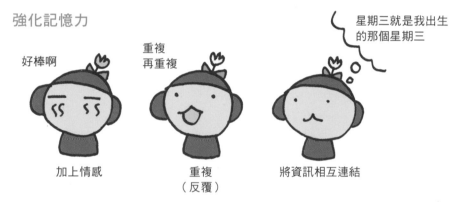

好棒啊　　　重複再重複　　　星期三就是我出生的那個星期三

加上情感　　　重複（反覆）　　　將資訊相互連結

　　另外還有一個強化記憶迴路的訓練，就是當有什麼事情想不起來時，不要立刻就拿起手機查詢。透過努力喚醒記憶，可以加強回想的迴路。各位別忘了，**試圖喚醒記憶的過程，就是創造性的訓練。**

基礎訓練　特訓 2

　　來實施提高記憶力的訓練吧。
　　1.想記得的事要說出口，並多次複誦。
　　2.連結資訊（賦予其他意義）。
　　3.不依賴手機等任何工具，先努力回想看看。

別小看「筆記」的力量
～做筆記的好處／補足記憶與促進發想～

　　所謂遺忘已經記住的事物，就是無法把存在腦內的記憶取出，或是遺失了記憶本身。

　　在近年的研究中發現，記憶本身的遺失和某種酵素有關。這種酵素（PP1）會阻礙記憶的形成，並讓某些記憶消失。目前還不清楚這種酵素的存在意義，但科學家推測，可能是因為如果所有資訊都塞進腦袋，大腦就會呈現飽和狀態無法運作，才有了這種酵素的產生。

　　換句話說，把所有資訊全部記下來，也不見得是件好事。取而代之，我們必須挑出可用的資訊送往長期記憶才行。

　　如果是覺得有必要性的資訊，就要先筆記下來，跟電腦的外接硬碟是類似的概念。不過，有一種自認聰明的人反而不會做筆記，因為他們覺得自己差不多都能背下來，沒有做筆記的必要。然而，無論有多聰明，人體的機能就是會讓我們忘記事物，因此懂得做筆記才是明智的選擇。不需要把每件事鉅細靡遺地寫下來，只要有能起到提示作用的標題，之後看到就能馬上回想起來。**推薦各位隨身攜帶一本筆記本，每當碰到有用的資訊就能稍微記錄下來。**尤其是語義記憶這種比較難賦予情感的記憶，又格外容易忘記。

　　如果想要輕便一點，手機裡的備忘錄軟體也是不錯的選擇，不過用紙筆寫的效果還是比較好。就連走在科技尖端的史帝夫・賈伯斯，整理思緒時也會使用紙和鉛筆，也經常把想到的事隨手寫在餐巾紙背面。Twitter創辦人傑克・多西（Jack

Dorsey），以及全球最知名的簡報發表與指導專家賈爾‧雷諾茲（Garr Reynolds），在初期構想時據說也都是用紙筆進行。
　　做筆記不單能補足記憶，也能幫助創意的發想。

做筆記的效果

1. 做筆記就是一種反覆演練
做筆記，可以起到反覆記憶資訊的重複效果。

3. 促進回想
做了筆記後，只要有一點小提示，就容易喚醒記憶。

2. 動動手可以活化腦部
動手寫字可以活化大腦，可望提升記憶力。

4. 做筆記可以促進發想
不僅可以記憶事物，做筆記的動作還可以促進創意發想。

基礎訓練　特訓 3

　　隨身攜帶筆記本。在日常生活中碰到有助於創造點子的事物時，試著先簡單記下來吧。別人說的話，也可以成為提示。尤其是在前輩或上司面前，當他們說了什麼有用的話時，也要動手記下來。對方會覺得「我的話對你有幫助」而覺得高興，同時他對你的評價也會在無意間上升。

記住後就立刻入睡
～你所不知的睡眠效果／提升記憶力、整理記憶～

　　想要提高記憶力，不可小看的還有「睡眠」。然而，睡眠卻沒有受到應有的重視。之所以如此，是因為雖然人人都知道睡眠很重要，卻沒有真正理解重要的程度，我們的表層意識對此也沒有太多實際感受。

　　工作忙碌時，許多人就會減少睡眠時間。當身體感到疲累，有些人會選擇休息，但不會去睡覺。在心理層面上，「睡眠」感覺像是一件浪費時間的事，會讓情緒更加焦躁不安。

　　實際上，體力只要稍加休息就能恢復，但**大腦如果不睡覺，是絕對不會復元的**。睡眠是恢復大腦機能的必要條件。該睡幾個小時才夠，每個人可能都不同，不過每天最好還是要睡滿6個小時左右。有人說天才就算睡少一點也沒關係，但是像愛因斯坦這種進行創造性工作的成功人士，睡眠時間多半還是比較長的。也有人會採用把8小時拆成兩半，一次睡4小時的做法。每個人所需的睡眠時間因人而異，找到符合自己生活步調的睡眠時間是很重要的。

　　此外，科學家也認為**睡眠有幫助腦內記憶扎根的功能**。近年的睡眠研究中，發現在睡眠的過程中，大腦會處理長期記憶的整合與定位。針對已記憶、已學習的事物進行測驗，睡眠後的成績確實比睡眠前更好。因此接觸到想記住的資訊後，最好儘早就寢。

　　海馬迴會將我們醒著時的記憶暫時儲藏，並在睡眠時送到

大腦皮質。大家都知道睡著時做的夢會反映自己的願望和深層情感，但有研究顯示，睡眠也是將必要和不必要的記憶分類篩選的過程，記憶扎根與睡眠的因果關係十分密切。

　　特別是對男性而言，有種觀念覺得男性睡得少才應該受到推崇，睡得久則是一件羞恥的事。這種想法愈是根深蒂固，愈會削減睡眠的時間。希望各位理解睡眠的重要性，不可輕忽。記住所需的資訊後，儘快躺好「入睡」是非常重要的。

睡眠的效果

1. 讓大腦休息
大腦不靠睡眠是無法恢復的。大腦要休息的話，睡眠是不可或缺的。

2. 腦內的老廢物質會在睡眠時排出
睡眠時大腦會收縮，老廢物質也會利用這個空隙來排出。

3. 記憶的扎根與整理
睡眠時，一部分的短期記憶會被送入長期記憶。此外，腦內的資訊也會得到整理。因此在學習後立刻入睡會有很好的效果。

短期 ➡ 長期

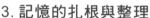

基礎訓練　特訓 4

　　睡眠對記憶的效果究竟有多好，不妨自己親身試看看。先準備想背下來的東西，嘗試讀完後立刻入睡，以及讀完後過一陣子再睡，看看哪種做法記得比較清楚吧！

對於新產品和奇妙的事物保有興趣
~蒐集資訊的基礎①／減少損失規避~

　　無法蒐集可以成為點子素材的資訊的人，就算努力想點子也未必想得出來。世界上的人們可以分為能夠蒐集資訊、以及無法蒐集資訊的人。如果你永遠都搭同一班電車、總是在同樣的地方吃同樣的食物，假日做的事也一如既往，應該不太可能蒐集到什麼資訊吧？

　　反之，那些能夠蒐集新資訊的人，會改變從家裡到公司的通勤路徑，享受變化的樂趣，尋思著「有沒有更近的路呢？」「有沒有什麼有趣的地方呢？」也會變換三餐的選擇。看到新產品上市時，會抱持好奇心，想知道「這是什麼樣的東西」。

　　那麼，為什麼過著一成不變的日子對創造點子來說是不好的呢？因為這種人心底根植**損失規避（Loss Aversion）的特性**，會妨礙點子的創造。比起想得到，人的心理更想避免損失。據說這種不想失去的心情，比想得到的心情要強烈2.5倍之多。

　　每個人在這方面的特性上差距很大，損失規避性強的人，不想失去、害怕失敗的心情愈強烈，愈難去挑戰新的事物。不願意嘗試新菜色、不想做出變化，並不是因為已經滿足現狀，而是「想避免自己損失更多」的心理所致。

損失規避
比起獲得，人更不願意失去。這種傾向強烈的人會更保守一點，也會對新的刺激顯得比較敏感。老年人和女性的損失規避心理會比較強，不過近年在年輕男性中也愈來愈常見。

　　這種損失規避性強烈的人，很難蒐集到新的資訊，而資訊就是點子的素材。此外，總是做相同的事，會習慣這種低度刺激，導致大腦活動下降。對於「新事物」「新做法」和「奇妙的事物」抱持積極興趣、不斷獲得新資訊的人，**才能蒐集到壓倒性的大量點子素材**。改變上班的路徑，沿途的風景會變化，邂逅的人也不同。與新場所和新事物接觸時，立刻就能蒐集到新的資訊，對於活化大腦也十分有益。大腦的活化，也和直覺系統（第3階段）的強化有關聯。

接觸新場所和新事物
對於活化大腦也十分有益

　　為了讓自己的表現發揮到極致，有些人會將每日生活的步調調整到完全一致，以避免在移動路徑或挑選菜色上花費無謂的判斷力。對運動員和藝術家來說倒還沒關係，不過如果是想在商業領域中激發創意的人，儘量減少這種無意識中進行損失規避的特性，好處會比較多喔。

基礎訓練	特訓 5

來實行資訊蒐集的訓練吧！
1. 明天選擇和今天不同的路去公司或學校。
2. 比平常提前一站下捷運或公司。

對於新產品和奇妙的事物保有興趣
～蒐集資訊的基礎②／拋棄既定觀念～

苦於想不出點子的人，往往認為自己是否有所不足，因此會拚命想增加些什麼，努力增進自己的知識和技術。

作為點子的素材，資訊確實不可少，但蒐集資訊的過程不順利，關鍵其實不是沒有什麼，而是有什麼——因為有了某些東西，才無法順利地吸收使用其他資訊。

這種百無一用的代表，就是既定觀念。既定觀念的存在，會讓人看待事物的角度不再多樣化。失去多樣化的觀點，就無法蒐集新的資訊，只能困在既定的框架裡做決定。例如血型A型的人就很死板、O型的人就很大方，或是戴眼鏡的人就很認真，這類深入人心的先入為主觀念或標籤，會讓自己的視野愈來愈狹窄。像這樣的既定觀念稱為刻板印象，**日本人尤其容易落入刻板印象的陷阱裡。**

心懷刻板印象的人，即使獲得新資訊，也無法獨立思考。這讓他們比較難對新資訊產生興趣，記憶力也比較差。**既定觀念強烈的人無法吸收新資訊，更遑論把資訊化為記憶儲存下來。** 結果就是，這樣的人無法獲得點子的素材。

都刻意改變通勤路徑、接觸到新產品了，如果情感在面對

他戴眼鏡
一定是很認真的人

這樣的偏見會讓自己的視野愈來愈狹窄

這些刺激時毫無波瀾,那也沒有意義。請各位拋棄既定的觀念,試著對各種事物心存懷疑。舉例來說,平常走在路上看到車子時,應該只會不疑有他地心想「有車」而已吧?不過,「每幾輛車中,說不定就有一台是披著車皮的馬」這樣的質疑視角是很重要的。

另外還有一種人,認為「我只相信自己親眼所見的事物」,這也是很危險的想法。視覺所反映的未必都是真實。大腦會把視覺資訊扭曲合成,以我們偏好的型態記憶下來。如果抱有既定觀念,就會把資訊變形後再記憶,並誤以為那就是真實。故真實的模樣是因人而異的,這就是心理學上的**羅生門效應**。

雖然看起來像兔子會不會其實是一隻長耳朵的貓……

看到什麼不要馬上接受,要抱有懷疑之心。

10元是什麼形狀?

正面長這樣不過從側面看的話……

我會說是長方形

試著改變視角,看看會不會出現新東西。

試著思考如果是自己會怎麼做、怎麼用。

基礎訓練　特訓 6

　來實行磨練新觀點的訓練吧!
　1. 想出 10 個新的橡皮擦使用方法。
　2. 想出 5 個新的手機應用程式。
　3. 幫最近看的電影想出另外 3 種結局。

即使毫無根據，也要充滿自信！

~建立自信的良性循環／分泌多巴胺吧~

　　成功的職場企畫人都有一個共通點，那就是每個人都有滿滿的自信，可以充滿信心地說明自己的創意。自信也是從過去記憶中累積起來的，成功的經驗愈多，內心就會湧出愈強大的自信。不過，其實這些自信經常都是沒來由的。這些企畫人即便沒有證據支持，也對自己充滿信心。

　　雖然毫無根據，依然擁有自信，這樣的人是很強大的。毫無來由的自信，可以促進腦內神經傳遞物質**多巴胺**（Dopamine）的分泌。多巴胺具有提高思考能力、注意力和動機的效果，額葉前聯合區（Prefrontal Association Area）若能分泌旺盛的多巴胺，腦內的神經元和突觸（Synapse）就能更加活躍。此外，想出好點子、獲得正面評價後產生成就感，又會更進一步分泌多巴胺，增加愉悅感。**這種愉悅感會令人上癮，為了再次感受相同的愉悅，就會更加努力。**這份愉悅感可以將你的能力發揮到極限，也會讓你產生做事的動機。反之，多巴胺不足，情緒就會比較低落。

多巴胺分泌時，會有……

· 提高創造性的發想能力
· 提高注意力
· 提升記憶力
· 增進身體機能

等效果

在其他層面來說，沒來由的自信心同樣十分有益。舉例來說，有些 A 型的人會自己去符合「A 型都很死板」的印象。當我們用某種形象去形容或感覺自己時，內心也會認為自己就應該是如此，然後逐漸成為那樣的形象，這就是心理學中的**自證預言**（Self-fulfilling prophecy）。認為自己想的點子很棒的人，之後真的就會往很棒的方向發展。創造這樣的良性循環，就能建立適合創意發想的環境。

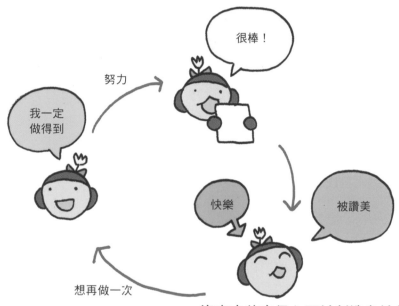

沒來由的自信心可以創造良性循環

基礎訓練	特訓 7

來實行建立自信的訓練吧！

1. 從現在開始，深信自己「猜拳是無敵的」。
2. 假設輸了，也要覺得「這只是偶然」。
3. 懷抱自信，相信自己可以想出好點子。
4. 假設一時半刻還想不出來，也要覺得「這只是偶然」。

多看催淚電影
～創意必備的神經物質／活化血清素～

　　自信心愈來愈強、多巴胺分泌愈來愈多，就能想出愈多好點子嗎？這其中有些問題。多巴胺如果分泌過多，是會失控的。為了追求更多的愉悅感，會執迷於自己的做法，對他人的攻擊性也會升高，變得易怒，出現想停止也停不下來的成癮依賴症狀（Dependence）。因此多巴胺也並非有益無害。

　　血清素（Serotonin）這種神經傳導物質可以有效遏止這種失控狀況。**血清素**具有抑制多巴胺失控的效果（讓緊張狀態維持在適度的範圍內）。一般也認為，血清素不足是憂鬱症的重要原因之一。

　　看電影是促進血清素的好方法，特別是催淚電影。當我們對電影主角移情而哭泣，可以使副交感神經處於優勢地位。哭泣時，大腦會讓身體呈現放鬆狀態，消除壓力。**淚水也有排出壓力物質的作用**。所以別害羞，儘量哭吧。

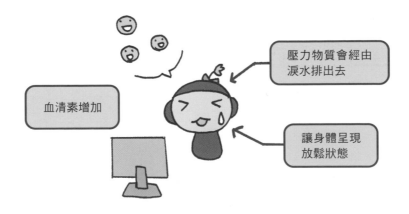

　　血清素不足，會使情緒不安定，容易被壓力影響。交感神經會一直處於活躍狀態，難以入眠，而睡眠不足對記憶力也有害。反之，血清素如果分泌充足，會使精神安定，更能同理他人的情緒。安定的精神是思考事情時很重要的因素，同理他人的能力對於構思點子也是不可或缺的。很多人會覺得「我做的東西最棒」，而將自己的想法強加於人。做自己想做的事當然很好，但在商業的世界裡比起以自己為主，對方的感受更為重要。

增加血清素的方法

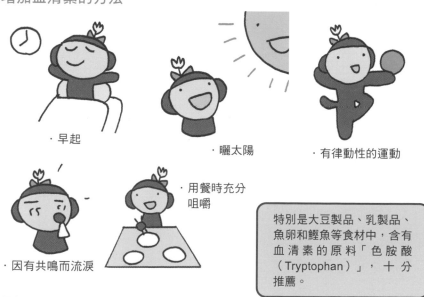

· 早起

· 曬太陽

· 有律動性的運動

· 因有共鳴而流淚

· 用餐時充分咀嚼

> 特別是大豆製品、乳製品、魚卵和鰹魚等食材中，含有血清素的原料「色胺酸（Tryptophan）」，十分推薦。

基礎訓練　特訓 8

　　來實行血清素生活的訓練吧！

1. 早起，經常運動（散步）。

2. 用餐時充分咀嚼。

3. 觀賞催淚電影，盡情哭泣。

對笑更加敏感
～笑與點子的關係／學習意外性～

　　把接觸到的資訊一股腦全蒐集起來，這樣也是不行的，大腦會超出負荷。至於什麼樣的資訊才適合，自然就是自己有興趣的事物了。前面已經提過，要對新產品和新奇事物抱持興趣，將其作為資訊素材加以吸收。那麼除此之外，還有什麼樣的資訊適合當作點子的素材呢？

　　答案是與「笑」有關的事物。說得更廣泛一些，會讓人感到「快樂」、不禁露出笑容的事物也可以。我們對笑的反應應該要敏感一點，關於箇中因素，不妨參考美國精神科學家拉瑪錢德朗（Ramachandran）的說法。

　　對於理當警戒的事物，笑可以開啟預料之外的可能，讓原有的情況獲得全新的解釋。舉例來說，一輛賓士黑頭車停在你面前，一個壯漢打開車門，向你走來。他在你身旁停下腳步，當你正惶惶不安想著他要對你做什麼時，壯漢咧嘴一笑說：「我迷路了。」而且門牙上還黏著一片海苔。像這樣，從緊張到放鬆的瞬間，中間的轉捩點就是笑。大腦認為有危險，而「笑容」會告訴大腦它誤會了（緊張→放鬆）。

　　笑經常伴隨著「意外性」。**意外性正是構思點子時不可或缺的重要元素之一**，學會「意外性」的創造方法有益無害。因此，我們要對笑更加敏感，平時就要思考「怎麼樣解除緊張感才會有趣呢？」這會是很好的訓練。

　　另外，「笑」還有許多附加價值。美國的羅馬林達大學（Loma Linda University）的研究顯示，笑可以減少壓力荷爾蒙的分泌。不僅如此，笑也被認為可以活化血清素的分泌，發揮安定精神的效果。

喂，那邊的

看起來很可怕的人
要對我說可怕的事了

意外性

意識到在「笑」的元素中存
在的「意外性」是很重要的

你好啊～

看起來很可怕
結果說話很親切啊

　　此外，平時常笑的人，身邊也會圍繞著愉快的氛圍。科學已經證明笑是會傳染的，常笑的人比較容易獲得其他人的幫助，在人際關係上也會帶來正面的影響。

基礎訓練　**特訓 9**

來實行「笑」和「意外性」的訓練吧！

1. 觀賞電視或網路上的搞笑節目。
2. 理論地分析自己剛剛發笑的原因。
3. 如果是你，會怎麼改變情況讓別人笑出來呢？

擁有武器？不，要為武器塗上毒藥
～差異化的重要性／自尊心與競爭優勢～

　　即使在企畫以外的領域，人們同樣認為「擁有自己的武器很重要」。以競爭優勢的角度看來，的確也是如此。擁有強項的人，比沒有的人更能取得競爭優勢。如果有某個人被譽為「企畫界的第一把交椅」，大家一般來說都會想找他。客戶在尋覓人才時，比起業界排名第三的企畫人，當然更想找第一名的人吧。即使不期待他交出超級卓越的成果，也一定會有「拜託他就沒問題了」這樣的心態。

　　讓我們站在客戶的角度設想一下，尤其是站在企業負責人的立場，更是不想看到失敗。考慮到預算，以損失規避的觀點來說，會想儘量啟用該領域的優秀人才。如果用了差勁的人而失敗，那就是自己的問題；如果用了備受好評的人卻失敗，則可以怪罪於他人的眼光不精準。預先替自己準備退路，是人類的天性。

　　不過實際上，要培養如此強大的武器是很辛苦的，只有極少數人有幸擁有這樣的煩惱。

我們真的有必要擁有這麼強大的武器嗎？

　　真正關鍵的不是武器，而是如何讓對方認為你擁有令人放心的可靠武器。換言之，即便不成為業界頂尖人物，也有許多方法可以讓他人看見你武器的鋒利之處。武器的種類繁多，只要在特定領域、細分之下的範圍內，培養自己有把握的武器就

行了。雖然在活動企畫方面贏不過別人，但若是構思音樂企畫、旅遊企畫就不會輸，進一步還可細分為「若是構思北海道的旅遊企畫就不會輸」，像這樣在特定領域中取得第一就好了。為旅遊企畫這個武器，塗上「如果是『北海道』就不會輸」、甚至進一步「如果是挑選『螃蟹美食』的眼光就是第一」的毒藥。為自己創造這樣的強項，以此為賣點即可。

　　獲得這般鋒利武器的人，會逐漸養成較高的**自尊心**，肯定自己是一個有價值的人。自尊心的提升，會發展為「有所依據的自信」。自信可以促進多巴胺分泌，進而提高專注力和思考力，催生良性循環。

好！全部一起來吧！

自尊心高的人勇於挑戰

絕對辦不到

自尊心低的人容易放棄

基礎訓練　　特訓 10

　實行創造武器的訓練吧！
　1. 在筆記本上寫出自己的強項。
　2. 挑選一個作為你的武器，思考精進的方法。
　3. 擁有「在這方面我不會輸」的自信。

唯有這個弱點必須修正
～利用自己的弱點／對比效果～

　　擁有獨一無二的強項就能占據優勢，這點各位應該已經明白了。接著，在講求點子發想能力的業界裡，有件事經常被大家誤解、甚至杞人憂天。很多人會過度在意「自己的弱點」，覺得「不想樹敵」。當然，意思並不是要無視弱點。而是我們終究只是普通人，理當存在技術不如人或精神脆弱的部分，過度拘泥於此也無濟於事。

　　Pawpaw Poroduction從心理層面研究人的自我評價，結果顯示，如果一個人具備了同等程度的弱點與強項，選擇增進自己的強項的人更能獲得肯定。比起花時間改善自己或點子的弱點，不如把力氣用在增進自己的強項。

　　「這個點子的弱點在這裡，但它也有這麼厲害的地方」像這樣坦誠說明，效果會比較好。不僅如此，**根據對比效應**（Contrast effect），這樣的說明更能把強項突顯出來。從平時就開始練習重視強項大於弱點，會更有效率。

　　唯有一點必須注意。忽略所有弱點並非上策，**在弱點中，如果有和客戶的損失規避相關的項目，就應該改善**。人都會有想規避損失的天性，光拿出同等程度的強項是贏不了的。因此我們平時除了要增進強項外，也要改善與損失規避相關的弱點。

　　另外，人也會有很強的「不想被討厭」的心情。當這種感覺太過強烈時，就會對點子的發想造成很大的負面影響。許多人判斷事物並非以道理為依據，而是根據「喜歡」「討厭」這

種模糊的價值作為評價基準。這種喜好的基準沒有一致性，非常仰賴感覺。因此在這方面糾結，實在沒有太大意義。

人際關係也是同理，有的人雖然有些扣分之處，但還是能做出有趣的東西，這樣的人比較適合構思點子，也更容易獲得正面評價。比起因為「不想被討厭」而縮手縮腳，「希望在某方面被喜歡」而採取行動的人，更能獲得成果。只不過，如果「被討厭」的元素中包括會給客戶帶來損失的項目，例如「無法遵守交期」或「無法遵守約定」等，從損失規避的角度來看，還是必須改進比較好。

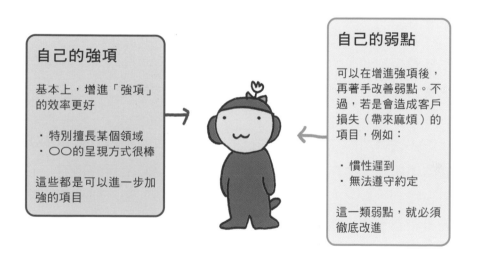

自己的強項

基本上，增進「強項」的效率更好

・特別擅長某個領域
・○○的呈現方式很棒

這些都是可以進一步加強的項目

自己的弱點

可以在增進強項後，再著手改善弱點。不過，若是會造成客戶損失（帶來麻煩）的項目，例如：

・慣性遲到
・無法遵守約定

這一類弱點，就必須徹底改進

基礎訓練　特訓 11

實行改善弱點的訓練吧！
1. 在筆記本上寫出自己的弱點。
2. 選出會給客戶帶來麻煩的弱點。
3. 思考改善 2. 的弱點的方法。

找到大人的「祕密基地」

~被觀看時就會產生力量/霍桑效應‧安心感~

替自己找一個「祕密基地」，對點子構思來說也是很好的基礎訓練。不是真的「祕密」也沒關係，但必須是一個可以讓自己好好放鬆、不會被他人干擾的「基地」。這個基地可以是喜歡的飲料店或咖啡店、一個自己有興趣的課程，當然也可以是家庭。

和能夠自在相處的對象（朋友、家人、戀人）天南地北輕鬆聊天的環境是很重要的，這樣的祕密基地對我們大有助益。

最主要的好處就是「有親密的同伴正看著我」的感覺。人一旦感受到他人的視線，就會想讓人看到自己腳踏實地、向目標奮力前進的模樣，這就是**霍桑效應**（Hawthorne effect）。

祕密基地的存在還有另一個好處，**只有當我們處在具安心感的環境時，才有辦法想出嶄新的點子、挑戰全新的事物**。必須先找到安身之處，方能踏出下一步，開始冒險。積極拓展新場所和新事物固然重要，為自己保留一個能夠安心、當心靈枯竭時會想回到這裡的地方，其實也是彌足珍貴的。

當我們被賦予期望時，就會為了不讓對方失望而努力。長期下來，比起責罵，期待更能帶來正面的影響。被視為「能幹的人」而備受期待時，我們的行動會更有自信，也愈容易得到正面的結果，這就是**比馬龍效應**（Pygmalion effect）。

此外，和同伴對話可以接收新資訊，自己的想法也能獲得客觀的評價。需要整理想法時，同伴的存在是必要的。

受到他人期待時就會更努力
（比馬龍效應）

覺得自己被觀看時就會更努力
（霍桑效應）

基礎訓練　特訓 12

找到自己的容身之處，加以活用吧！
1. 思考自己的容身之處在哪裡。
2. 如果想不到容身之處，就找一個新的。
3. 積極地和容身之處的同伴（家人）對話。
4. 可以尋找多個容身之處。

未戰先勝的方法
～掌握企畫方向說明會的時機／月暈效應～

　　做不出好企畫的人，通常在企畫方向說明會上的表現都不夠專業。企畫方向說明會是委託人（主管、客戶）向企畫者（構思企畫點子的人）傳達委託內容的場合，目的是做出能實際執行的好企畫。但委託人不一定會把所有事項詳細告知，這時若疏於確認，或覺得之後再想也沒差，這種馬馬虎虎的人完全不適合做企畫。

　　應該在企畫方向說明會上確認好的事項，可歸納為所謂的「5W3H」。

〈What〉　做什麼（點子概要、方向）

〈Why〉　為何而做（目的）

〈Who〉　做給誰（目標對象）

〈Where〉　哪裡（執行場所）

〈When〉　何時（執行日）

〈How〉　怎麼做（推行方法）

〈How much〉　所需經費（預算）

〈How long〉　多久（企畫執行期間）

前面三項尤其
重要唷

　　這些就是開會時必須確認的項目。不需要傻傻地逐條發問（有些還是需要自己想），但也不可馬虎帶過。能當場確認清楚，就只需要付出「1分」的勞力，但如果不好意思問出口而暫且擱置的話，未來可能就得耗費「5分」，甚至是「10分」的力氣才能完成。

　　向客戶提出這些問題時，偶爾會被斥責「這種東西你自己去調查就好了」，不過相對而言，會讓對方負責人覺得「你做事很謹慎呢，交給你就放心了」的情況應該還是壓倒性地多。

　　這種情境下，可能會產生一種**月暈效應**（Halo effect）。所謂月暈效應，就是如果一個人的穿著打扮或外貌看起來不錯時，人們會連帶對他的內在產生正面評價的心理效應。若客戶覺得你做事確實，當日後正式提案時，就能搶先獲得更優於他人一等的評價，客戶會覺得「因為是他做的所以應該不錯」，企畫也就更容易通過了。

接下來……

在企畫方向說明會上，該問的就要確實問清楚。

這是基本的！

很細心呢！

透過謹慎確認，建立「這個人很認真」「可以寄予期待」的印象是很重要的。

基礎訓練　特訓 13

　　企畫方向說明會上，可能會擔心「到底該問什麼好」，不過只要習慣後，瞬間就能知道現在需要什麼資訊。因此，必須要累積實戰經驗的次數。從平常開始練習，被人託付工作時，就想著「5W3H」來確認資訊吧！

「察覺力」與創造性
～察覺各種事物的重要性～

專欄

　　如第1章所建議的，培養構思點子的能力，可以從蒐集資訊、記憶（保存資訊）、對各種事物抱持興趣和擁有武器等方面做起，點子就是從每日的習慣中誕生的。

　　另外還有一個重點，就是「察覺」。一個人在構思點子上的敏銳程度不同，遇見可能成為靈感的提示時，做出的反應也會不同。**當好的提示出現時，察覺到「這個可以派上用場」的敏銳度是至關重要的。**不讓提示溜走的強大敏銳度也十分關鍵，訓練自己對各種事物都更加敏銳吧！

　　另外，有些人覺得年紀愈大，創造力也會愈差，然而事實並非如此。一般可能會認為年輕人能夠注意到更細節、更豐富的東西，但有數據顯示，從「察覺力」和年齡的關係來看，其實隨著年齡增長，我們察覺事物的能力也愈來愈好。敏銳度和隨之而來的創造性，並非年輕人獨有，任何年齡都能發揮創造性。更何況年紀較大的人，腦中理當儲存了更多點子的素材才對。產生「好，來構思新點子吧！」的想法後，第一步就是要採取行動。如果年齡增長後變得頑固不愛行動，那就算有「察覺力」，也吸收不到新事物，這才是真正的問題。

　　採取行動後，將察覺到的事物加以「吸收」，就能增進構思點子的能力。希望各位隨時都能保持願意「吸收」各種事物的心態。

第 2 章

「創造」點子的技巧

第 1 階段　　　蒐集點子的素材

▶ **第 2 階段　　「創造」點子（理論系統）**

第 3 階段　　　停止「創造」（直覺系統）

第 4 階段　　　「整理」點子

第 5 階段　　　「展現」點子

第 6 階段　　　「傳達」點子

　　本章將進入第 2 階段，談談「創造」點子的理論系統。然而，創造點子不能只是毫無頭緒地空想，本章會說明基本點子發想法和理論性框架，讓你更有效率地創造新點子。

發想點子前，先畫出設計圖
~理論系統的準備①／點子的目的、背景~

在正式接觸點子的發想之前，先暫停一下腳步。毫無頭緒空想的效率很差，不太可能導出什麼好點子。**在初期階段，首先要思考自己想構思什麼樣的點子，確認其方向性，才會有比較好的效益。**

舉例來說，發想新產品時，與其一開始就埋頭栽進去苦思新產品的點子，不如先建立一個假設，例如「可以因應季節決定新產品方向」，從這個路線下去思考，會更容易得到好主意。從確認「目的」，也就是「想透過點子做到什麼」開始著手，就能摸索出點子的方向。

●點子的目的

既然要想一個點子，就表示該點子有其必須存在的理由。**首先必須釐清的是，你「想透過點子做到什麼？」**根據答案不同，點子的方向也會大相逕庭。有些點子的目的並不明確，這種點子的質與量往往都不穩定，企畫者也會搞不清楚該端出什麼樣的點子才對。目的尚未明確時，就不應該進入點子發想的環節。如果是由客戶委託的案件，可以在企畫方向說明會時，問清楚客戶的目的。以文具開發為例，「靠新產品站穩文具市場15%的市占率」「讓業績比去年同期增加7%」或「提高公司知名度以吸納人才」就是目的。

《確認事項》

○ 想透過這次的企畫創造什麼成效？

　為何而企劃？〈Why〉

○ 目標對象是誰？　為誰而企劃？〈Who〉

○ 要追求多少成效？

　效果、預算、期間分別是？〈How much、How long〉

※ 初期階段還不需要決定每一個目的的細節。在點子成形的過程中，目的可能也會增加，不過這裡只要先歸納出基本目的即可。

● 點子誕生的背景

　　想釐清點子的目的，要先調查點子催生的背景。若是公司內部的商品開發，就要調查市場（業界）背景，若是來自客戶的提案，就要了解客戶的背景。以新文具商品的開發為例，必須先蒐集文具市場和公司本身（業界地位、現有商品的業績、優缺點、未來展望等）的相關資料，加以歸納整理。

　　一般常見的調查項目如下：

○ 客群分析……客群特徵、購買管道、需求等。

○ 競爭業者分析……掌握規模和戰略、商品特性、優缺點等。

○ 合作業者分析……物流業者的情況、廣告代理商的情況等。

○ 公司內部分析……經營戰略、商品特性、內部系統、資金實力、企業文化、人力資源等。

○ 市場分析……市場規模、成長幅度、經濟環境、社會環境等。

發想點子前，先畫出設計圖
～理論系統的準備②／點子方向、點子概念～

●點子的方向

　　點子的背景和目的明確後，下一步就是**設定點子的方向**。決定方向後，才有基準判斷想到的點子究竟「可用」還是「不可用」。在企畫方向說明會上必須確認的項目中，點子方向屬於「做什麼〈What〉」的部分，有時客戶會直接提供，但有時也必須由我方提案。

　　點子方向可以是簡單的「這感覺不錯」的東西，以文具開發為例，方向就可設定為「驚豔所有人、具衝擊性的好用文具」或「追求方便性，一家老小都會想要的文具」等。點子方向會進一步影響點子概念。

●點子概念（暫定）

　　構思點子時，「點子概念（暫定）」是很好用的元素。**點子概念是一種形塑點子方向和主軸的基本想法**，也稱為「基本理念」或「基本方針」，用簡單的一句「點子方向」來理解就很容易懂了。從心理學角度來看，設定概念也是好處多多。

　　有了點子方向，再暫時定出諸如「衝擊性文具」或「屬於全家人的文具」等設定。之後就能將點子歸納為最終版本的概念（參照第4章p.112）。

《設定點子概念的好處》

○ 可以成為點子的判斷基準（合格、不合格）。

○ 用一句話就可以向別人傳達點子的方向和主軸。

○ 「點子概念」這個詞彙會帶來特殊感，和單純的點子感覺就是不一樣（**月暈效應**的一種）。

○ 點子概念會變成一種接近自我「堅持」的存在，刺激自己的自尊心，創造更適合想出好點子的心理（迴路）。

○ 擁有點子概念，會讓自己更喜愛這個點子，連帶也更容易想出好點子（**稟賦效應**的一種）。

《總結如下》

點子誕生的背景
因為現況存在這些問題

點子目的
將這個設為目標

點子方向
往這個方向規劃

點子概念（暫定）
用「就是這樣」的一句話
表達出來

〔背景〕
雜誌銷量不佳，任職出版社的營收比去年同期少。

比去年同期
增加5%

〔目的〕
盡可能拉抬雜誌銷量。

〔方向〕
透過具話題性的附錄贈品，讓自家出版的時尚雜誌煥然一新。

附錄可愛度No.1
的女性雜誌

〔點子概念（暫定）〕
用一個響亮的句子總結。

在分析方法中，「能以理論說明」是很重要的。**為什麼這個點子很棒？必須要能以理論的方式說明出來才行。**

5 個基本點子發想法和理論性框架
~理論系統的實際應用／發想點子的技巧~

那麼，決定好點子目的和方向後，接著就要來發想點子了。點子是以既有的資料編修而成的，但具體究竟該怎麼做呢？各位或許也很煩惱吧。

編修的方法多不勝數、不及備載，不過根據人類思考的基本模式，我們還是可以整理出幾種適合在最初階段使用的基本方法。

人類的基本理論系統（判斷基準）就是「比較」，我們無時無刻都在下意識地比較各種人事物。本章準備了5種代表性的方法和其他實作訣竅，從比較性思考的結構出發，介紹最合適的基本點子發想法。

基本1 **「加法」**
把元素相加組合，是最基本的編排方法。

基本2 **「減法」**
減少或去除其中的某些元素。

基本3 **「誇張化」**
將特徵、外觀或功能的一部分加以誇張化。

基本4 **「轉換法」**
將素材、功能等轉換成其他模樣。

基本5 **「顛覆法」**
試著違背理所當然的想法和秩序。

其他編排方法還包括「變位法」「反向法」「分割法」「分解法」「改變觀點」等。

　　除了這些基本的理論性發想法之外，還有為創造點子量身打造的理論性框架（發想法），也推薦多加活用。當基本的點子發想法無法順利進行時，就試著用看看這些理論性框架吧。

　　本章後半會介紹可以讓你應用自身分析力的理論性框架，不妨多多參考。

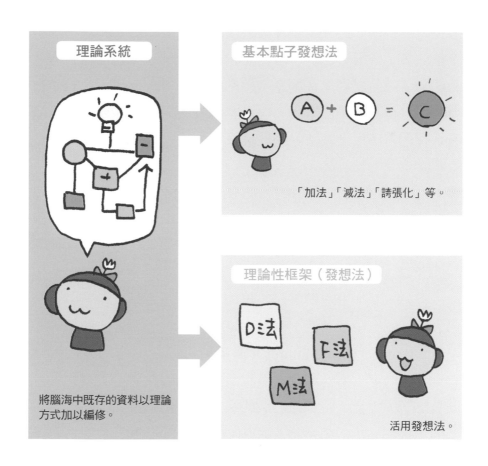

理論系統

將腦海中既存的資料以理論方式加以編修。

基本點子發想法

「加法」「減法」「誇張化」等。

理論性框架（發想法）

D法　F法　M法

活用發想法。

〜點子合成法①／A加B成為A⁺〜

　　適合在一開始嘗試的點子創造法，就是將既有元素相加為新事物的做法，包括「A加B成為A⁺」和「A加B成為C」。

　　這是最基礎的點子創造法，生活中隨處可見以這種方式生成的點子。「加法」可以讓許多事物變得「更方便」，讓使用者更容易接受。此外，具備複數功能也會讓消費者心理上覺得「很划算」「很方便」。多種元素的組合，本身就會給人方便的印象，較為討喜。在創意發想的歷史上，「加法」型點子占有重要地位。除了使用者心理上容易產生好感，從思維結構來看，這個方法也是最基礎的理論系統。

● 相互組合後更加好用的「方便性」

　　也就是把相似的功能、形狀、服務組合後，形成新的東西。試著想想現有的點子有何不足，選擇加入後可以增添便利性的元素，是這個做法的重點所在。

　　行動電話加上連網服務，再加上各種應用程式和遊戲，現代人使用的智慧型手機，就是由這種基本點子而生。環景影像系統（Around View Monitor）讓駕駛可以從上空鳥瞰的視角看到自己的車，這種系統與其說是技術上的革新，其實更像是既有點子的組合。將實作已久的後方停車輔助技術，拓展到車子的前後左右，並組合這4個方向的影像，就誕生了環景影像系統這個點子。讓監視影像以鳥瞰方式呈現，是這個點子最棒的地方。因為減輕了人們心理上對「死角」的不安感而大受歡迎。

那麼現在也一起想想看，有沒有什麼「相互組合後更加好用的文具」？舉一個簡單常見的例子：自動鉛筆末端的橡皮擦，就是一個方便的功能。或者把封面設計成護身符的單字本，加入的就是訴諸

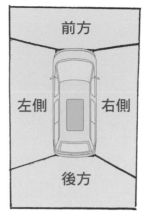

環景影像系統

結合前方、後方、右側、左側的影像，中間加入車子的圖像，就像從正上方鳥瞰一般。

使用者心理的功能性感受（想通過考試的心情、仰賴神明保佑的心理），也是一種便利的商品。

你還能想像出什麼樣的東西呢？閱讀本書時，希望各位也能一起思考「如果是我會怎麼做？」

● 相似元素組合而成的「方便性」

類似的元素之間，很適合相互組合。依循企畫方向思考可行的點子，將相似的元素彼此組合，效果也不錯。此外，也可以在既有的商品上加入類似的新元素。如果能透過組合的方式，讓商品整體的尺寸縮小、價格壓低，這樣的點子就更棒了。

有哪些相似文具可以組合呢？請試著想幾個點子。3色原子筆就是一個既有的例子，有了3色筆，就不用分別帶黑、紅、藍3支不同的筆了。

「加法」
～點子合成法②／A加B成為C～

● 不同（意外的）元素相互組合的「趣味性」

組合不同元素也會有成功的點子。「方便性」的感受固然重要，**讓點子表現出「趣味性」也是獲得人氣的要素之一**。

在料理的世界，這類有趣的新點子通常很受歡迎，例如結合雞翅和煎餃的雞翅煎餃、結合咖啡和抹茶的抹茶咖啡等，會讓人禁不住好奇「會蹦出什麼樣的滋味」。這是因為味覺包括「酸」「甜」「苦」「辣」「鮮」「鹹」和「雜味」等，如果巧妙地搭配，即使是看起來不可思議的組合，也可能讓大腦誤解，產生「好吃」的感受（布丁加醬油會變出海膽味即是一例）。另外，萌系角色和兵器的組合也屬於這類點子之一。在可愛迷人的女孩子身上，賦予真實存在的兵器的特性，便創造了可觀的加乘效果（當然前提是故事本身也要精彩）。

那麼以文具來說，又有什麼有趣的組合呢？例如印章和原子筆這種異質商品的組合（同時也是具便利功能的組合），或十字、一字螺絲起子和原子筆的組合商品等，就是異類元素結合的例子。如果是你，會想出什麼令人驚奇的組合呢？

● 無關聯事物相互組合的「趣味性」

試著將互不相干的事物結合，或許也能創造出有趣的點子。這種組合乍看之下和前一種差不多，但在思考的切入方式上還是略有差異的。無關聯的事物，指的就是隨機想到或看到的東西。將這些東西自由地組合看看，再檢驗是否能成為一個點子（一部分也跨越理論系統，而涉及一些直覺系統了）。

藤子・F・不二雄曾在漫畫中描繪自己想不到新連載角色的故事。眼看截稿日逐漸逼近，某天藤子不二雄突然踢到女兒的不倒翁，想起過去也曾因為苦無靈感，遂幫貓抓蝨子轉移注意的拖稿經驗，結合兩者形象後，「哆啦A夢」的角色就此誕生。接著再加入那個沒用的自己，確立了「機器貓用新奇道具幫助腦袋不靈光的男孩」的故事主軸（根據《哆啦A夢的誕生》）。幾個毫無關係的元素，就這樣結合出風靡全球的超人氣角色。

在思考原子筆可以跟什麼東西結合成新商品時，不妨就把當時眼前所看到的事物，例如滑鼠拿來組合看看。超脫文具的框架，見到什麼就試著相互結合，也可能成為靈感來源。

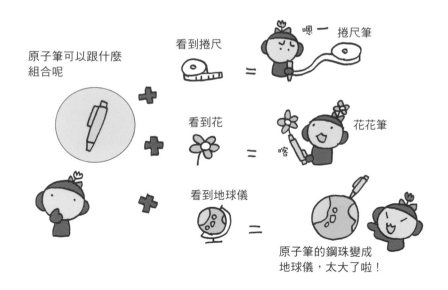

基本2 「減法」

~點子減除法／從A減去什麼變成A⁻~

　　一個東西加上另一個東西，成為方便好用的商品或服務，這樣的結果正符合人類的心理期望。人打從心底就會喜歡方便、能獲得好處的東西。然而，除去多餘的部分，也能造就新點子產生。如果對加法膩了，就來試試減法吧。**只是單純拿掉某些部分，人的心理是不容易接受的，所以要把目標放在「減少什麼才能獲得好處」。**

　　最容易懂的例子就是「價格」。透過去除累贅的部分，創造「變便宜」的好處。例如從美容院和理髮店的服務中，「減去」洗髮和剃鬚等服務，就是現在常見的百元剪髮。這樣的服務剛推出時，馬上就以驚人的低價達成強烈的吸睛效果。另外像自助加油站，也是用減少「加油服務」「擦窗戶服務」等換取便宜的價格。

　　那麼，文具的新商品有什麼是可以「減少」的呢？舉例來說，加壓式訂書機的設計，就是拿掉傳統訂書機裡的針，不但使用安全，也擁有不會在文件上打洞的優點。

「減法」的例子

- 洗髮
- 剃鬚

350元

100元

好便宜，真開心！

基本3 「誇張化」
～點子誇張法／將 A 誇張化為 AA ～

　　在既有的商品、服務和設計中，有些採用的是部分誇張化的企畫方法。例如將 A 誇張化為 A$^+$，或把 A 變成 AA 等，誇張化的最好方式就是針對特徵的部分。如第 1 章 p.48 提過的，**比起改善「弱點」，增進「強項」要更容易獲得肯定**，近年這種趨勢尤其明顯。對於將視覺（外觀）和功能特徵誇張化的點子，人類心理上較傾向給予正面評價。

　　「尺寸」的誇張化就是很好懂的例子。把大變得更大，小還要更小，就可能受到消費者矚目。超巨量料理或超大支烤雞串燒，就是以其衝擊性和划算感作為賣點，強化既有的優勢也是一種做法。

　　那麼再來想想文具的例子，有什麼地方是可以誇張化的？自動鉛筆末端附的橡皮擦雖然方便，但很快就用完了。那就把橡皮擦獨立出來，設計成漂亮的巨大橡皮擦販售。這樣的想法，或許也能成為新點子。

「誇張化」的例子

把大碗　　　　　　　　　變成超特大碗

這種方法，是將既有事物的整體或一部分轉換為其他事物。舉例來說，可以改變材質或素材。像是把透明膠帶的膠帶換成黏著劑的膠帶型黏貼帶，或是讓剪刀也能放進鉛筆盒的筆型剪刀等，都是這類轉換型商品。

　　也有改變使用方法的例子。便利商店和超市販售的巧克力，原本給人幼稚點心的印象，「明治THE Chocolate」卻透過使用優質食材和幾何學設計的包裝，成功變身為品味高雅的大人甜點。滋味和包裝都受到消費者歡迎，雖然價格是普通巧克力磚的兩倍之多，還是創下銷售紀錄。

　　也可以嘗試轉換屬性、性格或性別。知名漫畫中，擁有大人智慧的角色變成了小孩子，就是轉換法的成功案例之一。把問題全部變成小孩子喜歡的「便便」，《便便習作》（原文：うんこドリル）系列也因此熱賣。

　　那麼，這裡要提出一個問題。拿起你手邊的一個文具，試著想想看，要如何把它的整體或一部分轉換為有趣的東西。

把蠟筆的原料
從石油……

……換成蜂蜜，「轉換」為
小孩舔了也很安全的商品。

基本5 「顛覆法」
～點子意外法／把理所當然的由A到B改成C～

「由A到B是一般常識」「一直都是由A到B」──突破這樣的常識，也能創造新點子。像這種「顛覆」「翻盤」的點子，過去往往不受青睞，然而，在興趣多元的現代，反而容易得到「有趣」的好評。

客人必須站著用餐的牛排和義式餐廳愈來愈多，打破了「就是要坐著慢慢吃」的既定觀念，並透過提高翻桌率、供應成本率高的食材，就能以便宜的價格提供優質餐點。消費者得以享受高性價比的料理，實現消費者和經營者的雙贏關係。

在文具中，也有採用這種顛覆性想法的商品。例如可擦式原子筆，是讓常理來說無法消失的筆跡消失的商品。另外，還有打破了寫錯就用立可白「消除」的發想，反而從「書寫」的角度出發，創造了個人資料保護章。只要蓋上黑色印章，就能讓姓名地址等個人資料被覆蓋消失。

在筆記本上寫字時，透到下一頁的筆跡壓痕總是令人困擾。然而，卻有人想到突破性的點子，刻意利用「印到下一頁」的特性，發明出只要寫一次就能複製好幾張的複寫紙。

你會選擇什麼商品，又如何去顛覆它呢？試著打破身邊既有的事物，變成其他模樣吧。

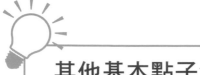

其他基本點子發想法
～更多編修點子的方法～

　　除了前面說明的以外，還有很多種創造點子的切入方式，也在此稍做介紹。不必拘泥於這些方法，作為參考多多分析吧。

「變位法」

　　改變既有的順序或位置。

　　（例）改變日曆或行事曆的星期排列。比如為了星期一和星期三休假的人，專門設計以其他天為一週起始的日曆及行事曆。或是三個月一頁的掛曆，如果把月份改成由下往上排，就可以從下面把過去的月份撕掉。

三個月一頁的掛曆，如果由上而下排列，舊的月份結束後也沒辦法撕去。

改變一下月份的排列順序，就可以從下面撕掉舊月份囉！

「反向法」

　　上下顛倒，或表裡翻轉。

　　（例）大多數的傘都是向內收，但現在也有向外收的反向傘。因為淋溼的一面朝內，比較不會沾溼周遭。

以傳統的方式收傘，身體可能會被傘面沾溼⋯⋯

改成向外反向收納，就不會沾溼了。

「分割法」「分解法」

將事物分解,從中創造附加價值。

（例）先替消費者分切好,追求便利性的切塊蔬菜。更進一步,
　　　還有將切好的食材搭配調味料的組合,是很受歡迎的宅配
　　　商品。

蔬菜不切很占空間,
要切又有點麻煩……

直接購買分切好的,
方便使用。

「改變觀點法」

將平面的表現改成立體,或用不同角度觀察既有的事物。

（例）用立體圖的方式呈現車站站內結構圖;除了以觀賞為目的
　　　設計電視外,也可以從搭配室內風格的角度思考;為了讓
　　　不夠高的人也能順利購買,把自動販賣機的投幣口改裝在
　　　低處等。

大人用起來毫無困難,
但小孩就搆不到自動販
賣機的投幣口……

把投幣口改設在下方,
讓小孩也能輕鬆使用。

其他基本點子發想法
~根據理論系統總結的編修方法~

　　點子基本上就是由既有事物重新編修、變化而成，廣義來說即是「模仿」。我們經常追求那種別人都想不到的嶄新點子，不過以大腦的構造來說，**坦然地模仿既存的優秀事物才是正解**。選擇什麼、如何編修、修到什麼程度，都會改變一個點子呈現的風格。

　　對前人累積的智慧致上敬意，稍加編修後，再傳遞給下一個世代吧。很多從事企畫產業的人，都會以做出獨一無二「只有我做得出來的獨特點子」為目標，這樣的心態源自於**承認需求**（希望被他人認可的心情），不要讓這種欲望發展得太過強烈、失去控制。若想在商業的世界存活下來，點子還是簡單一點比較好。

　　根據基本的理論系統，這裡就把一些編修點子的方法統整為檢核表，供各位參考。

☑ 思考加上什麼會更方便
☑ 加上相似的事物
☑ 加上相異的事物
☑ 加上無關聯的事物
☑ 試著減去什麼
☑ 讓一部分誇張化
☑ 讓具特色之處誇張化
☑ 轉換材質

☑ 轉換屬性

☑ 轉換性格

☑ 轉換性別

☑ 打破常規

☑ 試著換位

☑ 試著改變方向

☑ 試著分割

☑ 試著分解

☑ 改變觀點

☑ 換成較亮的顏色

☑ 換成較暗的顏色

☑ 換成使用者偏好的顏色

☑ 把形狀變圓（圓、橢圓、流線形）

☑ 把形狀變方（三角、四角、多角形）

☑ 著重保護特別重要的部分

☑ 試著旋轉

☑ 試著變大

☑ 試著變小

☑ 把材質變硬

☑ 把材質變軟

☑ 縮短時間

☑ 拉長時間

☑ 試著融入周圍環境

☑ 加入行動

列出所有問題，提出改善方案
～正面進攻改善法～

接下來要說明理論性框架（發想法）。

以現成的服務或商品為例，必須先篩選出現階段的問題點，由此發展出新的改善方法。徹底追究問題所在，仔細思考如何改善。

優缺點

・可以排出改善的優先順序。

・需要具備提出改善方案的能力和觀點。

步驟

1. 將現有服務或商品的「問題點」全數列出。
2. 將問題改善的重要程度分為5個等級。

（以使用者會產生損失感的項目為最優先）

3. 從重要度最高的項目開始思考改善方案。

列出所有問題點

決定改善的優先程度

從重要度最高的項目開始
思考改善方案

具體案例

> 店家（餐飲店）的營業額下滑
> 想要增加營業額

1. **列出目前店家服務和商品的問題點。想到什麼就全部寫出來，例如……**

    ・吸引人的菜色太少。

    ・和附近店家相比，價格偏高。

    ・店本身特色薄弱。

    像這樣一一列出問題所在（實際上最好列到10個以上）。

2. **將問題的重要程度以5等級評分**

    ・吸引人的菜色太少（**重要度：★★★★☆**）

    感覺可能是因為沒有想點的料理，才沒什麼客人來。

    ・和附近店家相比，價格偏高（**重要度：★★★★★**）

    餐點價格大概比附近店家貴50～80元。顧客會有損失感，故這一點的重要度很高。

    ・店本身特色薄弱（**重要度：★★★☆☆**）

    不只菜單不出色，也無法讓客人
    感受到這家店整體想表達什麼。

3. 從重要度最高的項目開始思考改善方案

・和附近店家相比，價格偏高（**重要度**：★★★★★）

　　想增加營業額，有兩個方向：提高客單價，或增加來客數（營業額＝客單價 × 來客數）。雖說比附近店家貴，但只是單純降價，營業額也會降低。如果想靠價格和附近店家一較高下，恐怕得降價 50 ～ 80 元，那就得增加相當程度數量的來客數才行，這點有難度。

　　如此一來，就必須研究符合客單價位的品質與附加價值。具體來說，可以使用幾種基本的點子發想法：「加法」「誇張化」「轉換法」和「顛覆法」等，思考菜單的內容和服務等改善方案。

・吸引人的菜色太少（**重要度**：★★★★☆）

　　說到底，這間店的特色究竟是什麼？店家的概念又是如何呢？想想顧客的需求和潛在顧客，立定菜單改善方案

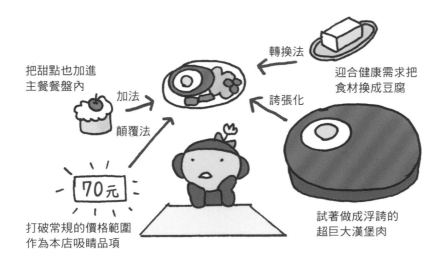

把甜點也加進主餐餐盤內
加法
顛覆法
轉換法
迎合健康需求把食材換成豆腐
誇張化
70元
打破常規的價格範圍作為本店吸睛品項
試著做成浮誇的超巨大漢堡肉

的計畫。例如推出迎合男性顧客的大分量餐點（「誇張化」）？或是增加女性顧客喜歡的甜點，設計外觀漂亮、適合拍照打卡，一盤即能完整呈現的料理（「加法」）？再思考是要擇一方向，還是兩邊同時發展。

・店本身特色薄弱（重要度：★★★☆☆）

　　這也是源於對經營方向的不了解。必須先找出「這間店的概念是○○，所以餐點要走○○路線」的關聯性，再將此資訊公布在店內和官網上。只要顧客認定這間店是他次於家和公司外的「第三去處」，造訪頻率就會上升。造訪頻率如果是原本的 1.3 倍，則營業額＝（客單價 × 來客數）× 1.3。

　　如以上範例所示，逐步思考出問題的改善方案。接著便能以這些資料為基礎，定出預算和執行時程，再和經營者討論。

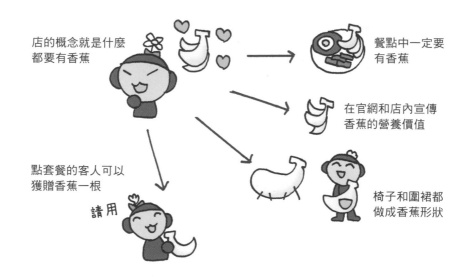

店的概念就是什麼都要有香蕉

餐點中一定要有香蕉

在官網和店內宣傳香蕉的營養價值

椅子和圍裙都做成香蕉形狀

點套餐的客人可以獲贈香蕉一根

請用

5 個為什麼分析法
～ TOYOTA 式問題解決法～

在豐田汽車工業（TOYOTA）公司內部，有一種重複問五次「為什麼」的問題應對方法。光是一、兩次「為什麼」，還不足以刨出根本的問題所在，必須持續追問「為什麼」「為什麼」，深入分析問題點，問題核心才會浮現。

優缺點

· 可以揪出問題和錯誤的根本原因。
· 抵達「根本點」的過程並非一直線的，如果方向錯誤就會走錯路（需要具備看穿問題所在的眼光）。

步驟

1. 探究問題原因，用「為什麼」自問自答，或詢問負責人。

   ※ 詢問他人時，沒頭沒腦地追問「為什麼」是非常失禮的，因此一開始就要先說明自己是為了分析原因而來。

2. 得到答案後仍不以此滿足，大約還要追問五次左右（「五次」不是一個嚴格規定的數字，重點是表達鍥而不捨的深究精神）。

大約追問五次「為什麼？」。

具體案例

> 你覺得每週召開的全公司會議很浪費時間
>
> 試著分析真的有必要開會嗎？

第一次：為什麼需要開會？

→想了解全公司的動向

第二次：為什麼必須是會議？

→是存在已久的慣例了，大家都覺得理所當然。

第三次：為什麼理所當然？

→因為是社長的指示，大家都照做，沒人敢反對。

（但實際上多數人都覺得不需要開會）

第四次：為什麼社長想開會？

→因為知道全公司的動向才能安心

第五次：為什麼需要安心？

→因為想要有「正在往銷售目標前進」的真實感

像這樣一步步追究下去，就會發現問題在於「社長的安心感」和「習慣」。接著便能實施改善方案，例如提案以書面或數位檔案共享工作內容，說明在開會和製作會議資料上浪費的時間和精力，希望社長可以廢除會議等。

另外，要以此說服社長，理論性方法的應用也是不可或缺的（請參照第4、5章的內容）。

為什麼？

想知道全員動向……

為什麼？

為了社長的安心感

就算一開始只能知道表面資訊，追問下去或許就能抵達問題本質……

1 個人的腦力激盪
~投影法~

　　說到點子創意發想的方法，很多人都會想到知名的腦力激盪法（Brainstorming）。也有很多企業和組織，會讓成員關在會議室裡腦力激盪。不過，多人聚集腦力激盪，負擔其實很大（很辛苦）。這裡就為大家介紹 1 個人也能做的腦力激盪法，說明該如何從中產生新點子。

優缺點

・1 個人就能輕鬆進行。
・必須盡力避免視野狹隘的問題。

步驟

1. 順著主題把想到的意見自由記錄下來：
   (1) 不要批判任何想法。
   (2) 就算是大膽的突發奇想也要說出來。
   (3) 不要拘泥於品質，盡可能提出更多的想法（點子的發散）。
2. 分析點子（點子的收攏）。
3. 點子整理完後，把自己變成另一個人，從頭再做一次腦力激盪。

　　首先，先順著主題自由發想，把想到的點子一一列出來，簡單做個筆記就行。重點是在這個階段，不要用「這個點子行

不通吧」或「這太離譜了」等反應來批判或踩煞車，儘量讓想法隨意發散，列出的點子愈多愈好。

等到竭盡所有想法後，把類似的點子統整為一類，試著進行分析。這時可能從中再出現新的點子，把新點子也記下來。整理點子的過程，也會造就新的點子誕生。

點子精煉完成後，試著改變自己心中的角色個性，讓自己成為另一個人。可以透過戴上眼鏡、改變說話的用字遣詞等方式，讓自己更貼近這個新角色。

比方說，可以嘗試變成「異性」，從異性的視角再次開始腦力激盪。重點是要真的去揣摩異性的想法。接著可以變成「年輕人」，用輕鬆的氣氛思考問題。也可以變成「御宅族」，從對某件事物執著研究的角度思考，或許也能激盪出新的想法。如果還需要更加新穎的點子，不妨試著成為「拿破崙」或「織田信長」等歷史人物，可能也會得到有趣的想法。

點子整理好後，再像基本點子發想法那邊介紹過的，使用「加法」「減法」「誇張化」「轉換法」「顛覆法」等方式進一步打磨，讓點子更加完整。請各位試著實作看看，用1個人的腦力激盪發想新的手機應用程式吧！

讓自己化身為各式各樣的角色，即使只有一人也能發想出各種風格的點子。

假設思考法
〜假設分析手法〜

在點子發想時，「1個人的腦力激盪」屬於由下而上型的框架。這種方法無論在蒐集資料或實際進行時，都相當花時間。如果你已經多少看得見點子的雛形，那麼「假設思考法」這種先提出假設再驗證的方法，絕對要省事得多。以大腦的特性而言，這種方法可以明確地進行「比較」檢討，因此容易產出高品質的點子。

優缺點

・可以縮短蒐集資料的時間精力，迅速得出結論。
・有更多思考時間，可以提高點子的品質。
・僅限於能夠建立「假設」的點子。
・較難提出具意外性的點子。

步驟

1. 建立點子的假設。
2. 蒐集假設所需的資料即可。
3. 將蒐集到的資料分析、驗證。
4. 用「加法」「減法」「誇張化」等方式修正點子。

具體案例

1. 建立點子的假設

想做些什麼表達對父母的感謝，於是建立一個「父母嚮往的北海道旅行，會是很奢侈的禮物」的假設。

2.　蒐集假設所需的資料即可

　　蒐集製作計畫需要的資料。中間突然想到，可以讓母親體驗利木津巴士，母親知道後，也表示她想搭一次看看。於是便加入利木津巴士的接送方案。接著繼續調查其他父母會想吃的東西、想去的地方，過程中得知父親最近正為痛風所苦。

3.　將蒐集到的資料分析、驗證

　　告訴朋友自己的想法，聽聽他們的意見後，得知有些利木津公司可以依乘客需求調整車輛內裝。實際把方案拿給和父母同輩的朋友看，對方表示以這個年紀來說，行車距離短一點比較好。

4.　用「加法」「減法」「誇張化」等方式修正點子

　　選擇豪華料理（「誇張化」），同時考量父親的痛風，請餐廳安排餐點中不要出現蝦貝類（「減法」）。和利木津公司討論，請對方在回程巴士裡裝飾給父母的感謝狀（「誇張化」「加法」），考慮到移動距離，也把原本預定前往的函館改成參觀小樽玻璃工廠（「轉換法」）。

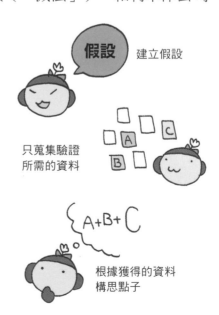

假設　建立假設

只蒐集驗證
所需的資料

A+B+C

根據獲得的資料
構思點子

　　如同以上的案例所示，透過建立假設而後進行驗證，可以聽取採納他人的意見，讓自己的假設變得更好。

邏輯樹分析法
～視覺分析法～

　　將理論性思考視覺化，以探究問題的原因、思考解決方案、形成新企畫，邏輯樹（Logic tree）就屬於這一類手法。透過導引線的視覺呈現，我們可以更容易以理論角度掌握現狀，並去連結到更多方向的點子。

優缺點

・可以用視覺方式清楚地呈現導引線，自己和他人都更容易理解。
・不適合用來解決複雜、具有複合原因的問題。

步驟

1. 首先設定一個問題，用四方形框起來。
2. 列出這個問題的對策，用直線把雙方連起來。
3. 擴展成樹枝狀，從中找出具體的點子。

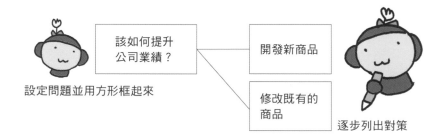

設定問題並用方形框起來

該如何提升公司業績？

開發新商品

修改既有的商品

逐步列出對策

具體案例

> 想要幫住宅區的咖啡店構思新的菜單。

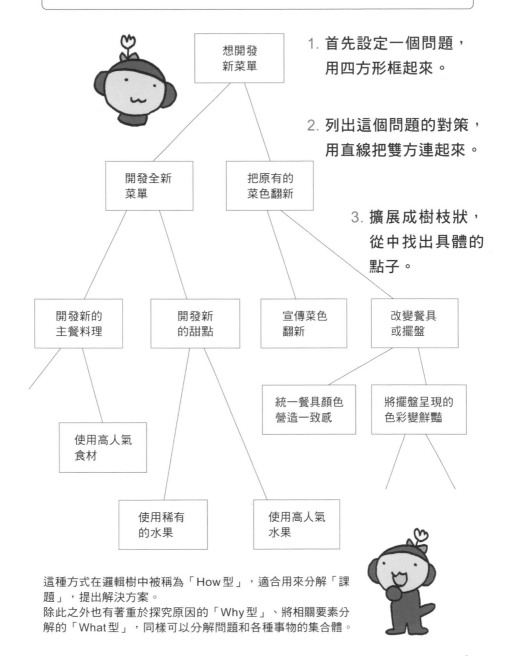

1. 首先設定一個問題，用四方形框起來。

2. 列出這個問題的對策，用直線把雙方連起來。

3. 擴展成樹枝狀，從中找出具體的點子。

想開發新菜單

開發全新菜單　　把原有的菜色翻新

開發新的主餐料理　　開發新的甜點　　宣傳菜色翻新　　改變餐具或擺盤

使用高人氣食材

統一餐具顏色營造一致感　　將擺盤呈現的色彩變鮮豔

使用稀有的水果　　使用高人氣水果

這種方式在邏輯樹中被稱為「How型」，適合用來分解「課題」，提出解決方案。
除此之外也有著重於探究原因的「Why型」、將相關要素分解的「What型」，同樣可以分解問題和各種事物的集合體。

把自己物化
～改變觀點法～

　　如果嘗試了各種方法依然想不到好點子，乾脆就讓自己變成這個需要點子的「物品」吧！如此一來，或許可以產生新的想法，例如「想像自己是一台吸塵器，才發現有些地方意外地難以觸及呢」。察覺這種不便或需要改善的部分，就可以成為點子的來源。

優缺點

‧除了使用者的角度外，也能從被使用者的觀點來思考。
‧需要斟酌「物化度」，也就是該把自己物化到什麼程度才合適。

步驟

1. 把自己徹底想像成要研究的商品或角色。
2. 想像自己用這個物化後的型態移動、被使用。
3. 把覺得不便或可以更好的部分轉化為點子提出。

把自己變成
自動鉛筆。

啪答！

筆芯折斷時的聲音和
震動感令人不適。

構思如何開發筆芯斷掉也
不會發出聲音、不會震動
的自動鉛筆。

＊類似的思考框架（發想法）還有很多，有興趣的人可以走一趟書店，翻翻相關書籍。

第 3 章

「放空」點子的技巧

第 1 階段　　　蒐集點子的素材

第 2 階段　　　「創造」點子（理論系統）

▶ **第 3 階段　　停止「創造」（直覺系統）**

第 4 階段　　　「整理」點子

第 5 階段　　　「展現」點子

第 6 階段　　　「傳達」點子

　　本章將進入第 3 階段，談談如何停止「創造」點子，轉而活用直覺系統。接下來將說明基本的直覺促進法和直覺框架。

6 個基本直覺促進法和直覺性框架
～直覺系統的實際應用／啟動系統的步驟～

　　當你已經徹底用過理論性方法，卻依然想不出好點子時，就來活用腦內的另一組直覺系統吧！

　　直覺系統運作的時機雖不明確，但在某些狀況下是比較容易啟動的。這一章為各位準備了適合營造相關情境的6種直覺促進法，以及額外的實用訣竅。了解以下的準備工作後，就逐一實行看看吧！

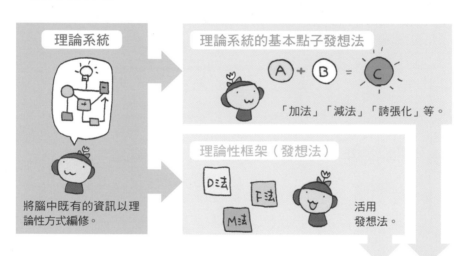

理論系統

將腦中既有的資訊以理論性方式編修。

理論系統的基本點子發想法

(A) + (B) = (C)

「加法」「減法」「誇張化」等。

理論性框架（發想法）

D法　F法　M法

活用發想法。

基本直覺促進法

「走路」「睡眠」「泡澡」。

直覺性框架（發想法）

C法　A法

直覺系統

暫時停止思考。

◎準備

1. 使用理論系統「徹底思考」。
   ※先充分思考過一遍後，會比較好啟動直覺系統。
2. 接著，停止「思考」，試著把一切忘光光。
3. 讓頭腦處於「無」的狀態，實行下列的「基本」方法。
   ※先在大腦裡清出空間，會比較容易啟動直覺系統。
4. 如果還是一點靈感也沒有，就回到理論系統重新開始，或轉而嘗試其他直覺促進法。

基本1 「走路」
可以在你喜歡的地方，也可以是初次造訪的地方。

基本2 「泡澡」
泡澡放鬆（不要思考）。

基本3 「睡眠」
阻斷思考，轉換心情進入夢鄉。

基本4 「閱讀筆記、雜誌、漫畫或書籍」
借助外在刺激的力量，各式各樣的刺激可以活化大腦。

基本5 「說給別人聽」
目的並非獲取資訊，而是在自己腦中整理。

基本6 「小酌」
適度的飲酒，可以讓直覺系統處於優勢。

除了上述的基本促進法外，也可以使用為創造點子打造的直覺性框架（發想法）。本章最後，將介紹兩種活用自身直覺力的框架。

基本 1 「走路」
~血清素的作用可以打開直覺系統~

　　嘗試了理論性的點子發想法，卻還是沒有任何靈感時，最好先停止思考，出外走走。

　　散步其實有十分重要的意義，反覆進行這種有節律的運動，可以活化腦中的血清素神經，使大腦分泌**血清素**。血清素具有切換情緒、安定心情的效果，能顯著緩解想不出好點子的「焦慮感」。

　　此外還有**正腎上腺素**（Norepinephrine），這是一種和第1章p.40介紹過的**多巴胺**同類的神經傳導物質，和不安、恐懼、緊張感等精神狀態有密切關係。多巴胺或正腎上腺素不足時，人會變得倦怠無力，嚴重時還會暴怒不安。而血清素便具有調控多巴胺和正腎上腺素的功能，也能安定精神。血清素可以讓人變得積極，緊張的狀態也能平靜下來，這般轉換心情的力量，隱藏著打開直覺系統的可能性。

　　想進一步活化血清素，可以多在陽光下做有節奏規律性的運動。曬太陽能降低睡眠荷爾蒙褪黑激素（Melatonin）的效果，促進血清素的分泌。血清素會喚醒大腦，讓思緒清晰。另外，節奏規律的運動也有益於血清素的分泌，因此比起悠悠哉哉地漫步，有節奏地稍微快走會更好。如序章p.12所介紹的，史帝夫‧賈伯斯和馬克‧祖克柏也會利用散步時光構思點子。像他們這樣的高手，或許會邊走邊思考、在腦中整理各種事務，不過首先還是請各位什麼都不要想，邊散步邊專心感受腳下的節奏即可。

　　在散步途中隨處見到的風景和訊息，也會刺激大腦，成為新發想的觸媒。大腦究竟在什麼狀況下才會產生直覺，依舊充滿謎團，但來自外部的刺激，能大大增加其可能性。不帶著預設目的自由散步，試著接觸各種刺激吧！

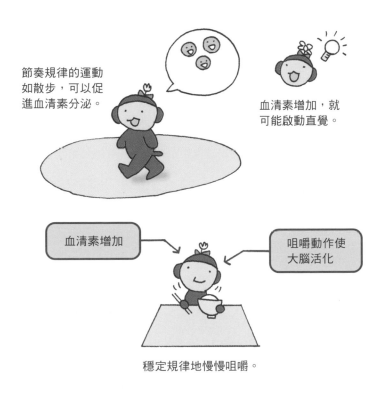

節奏規律的運動如散步，可以促進血清素分泌。

血清素增加，就可能啟動直覺。

血清素增加

咀嚼動作使大腦活化

穩定規律地慢慢咀嚼。

　　如果不方便去散步，出聲閱讀也是個好方法。你可以拿自己喜歡的書，或是直接用本書也行。一邊保持規律的節奏，一邊讀出聲音來。嚼口香糖又是更簡單的做法了，不只能活化血清素分泌，也有益於腦部血液循環。同理，吃飯時也要隨時提醒自己充分咀嚼。

基本2 「泡澡」
～放鬆感催生直覺～

　　除了序章p.12介紹過的阿嘉莎‧克莉絲蒂和阿基米德外，還有許多人都是在入浴時浮現靈感的。調查一般大眾在書桌之外最常出現靈感的地點，第一名正是浴室。

　　直覺系統會在何時何地啟動，每個人的差別很大，加上有複合因素，難以預測。不過已知的是，當我們處於放鬆狀態時，比較容易打開直覺系統的大門。悠閒地浸泡在適當水溫（偏低）的浴缸裡時，腦波會變成 θ 波，和冥想時的狀態相同，也是直覺系統較可能開啟的狀態。浴室這個貼滿磁磚的獨立空間，有阻斷各類資訊的效果。在這樣的環境下，靈感也比較容易浮現。

　　有研究結果顯示，**在直覺系統即將開啟前，大腦的視覺區會有一瞬間被關閉**。理論系統處於優勢地位時，包括視覺區在內的大腦會吸收各式各樣的資訊。然而研究推測，當直覺系統轉為優勢的瞬間，會阻斷資訊，以便讓意識深入潛在的記憶。從而推知，泡澡這種享受什麼也不想的「無」的狀態，是有利於創造點子的。

　　只不過必須注意，就算真的直覺迸發，也有可能下一秒就忘記。靈光一閃是以理論性思考為基礎，因此一旦出現就很難遺忘。相對地，直覺屬於感受性的存在，往往無法作為短期記憶保存下來。雖然很可惜，但就算你匆忙擦乾身體、穿上衣服去拿筆記本，仍舊是趕不上的。因此筆者強烈建議，在構思點

子的這段期間內，只要入浴泡澡，就一定要把筆記本帶進浴室。

如果已經在悠閒的泡澡時光進入「無」的境界，卻依然無法啟動直覺系統，也可以效法啃蘋果的阿嘉莎・克莉絲蒂，有規律地咀嚼較硬的食物，把刺激送到大腦，期待血清素發揮作用。

下面就總結入浴時促進直覺系統的方法。

1. 把筆記本帶進浴室更衣處。
2. 在舒適的水溫裡泡澡，慢慢深呼吸。
3. 什麼都不要想，緩緩呼吸，讓頭腦進入「無」的狀態。
4. 享受放鬆狀態。
5. 依然無效的話，就嘗試有規律地咀嚼硬質食物。
6. 直覺一旦降臨，就要立刻做筆記。

在舒適的
水溫裡泡澡

也可以嘗試
吃硬質食物

直覺湧現
時要立刻
記下來

基本3 「睡眠」
～活用自動記憶整理系統～

　　如同序章p.10所介紹的，奧古斯特・凱庫勒的苯環結構式、湯川秀樹博士、達利和保羅・麥卡尼等許多偉人，都有過直覺系統在睡眠時啟動，經由夢境獲得提點的經驗。

　　第1章也提過，大腦很有可能會在睡眠時整理記憶，把記憶分成需要和不需要的，再從海馬迴送到大腦皮質。有可靠的研究顯示，夢就是在整理過程中再度被呈現出來的記憶。當大腦經過理論系統「想想看、再想想看」的努力運轉後，卻依然沒有好點子時，可以暫時停止思考，等待直覺系統稍後發揮作用。在還沒想到點子的狀態下轉身上床睡覺，是需要勇氣的。不過既然理論系統運作不力，其他方法也有一試的價值。

　　或許有人聽過「夢是人在REM睡眠（快速動眼期，大腦處於清醒狀態）時看到的影像」的說法，不過近年的研究發現，我們在非REM睡眠（非快速動眼期）也會做夢。那我們可以控制這個夢境嗎？在睡眠研究領域獨步全球的史丹佛睡眠研究中心（Stanford Sleep Center）的實驗結果顯示，人們不可能隨心所欲做自己想做的夢。可惜，看來是沒有這麼好的事呢！

　　雖說如此，良好的睡眠不單有利於直覺系統，對隔天大腦的活化也非常重要。睡眠研究者認為，除了有特殊遺傳基因的「短眠者」（Short sleeper）以外，一般人都必須好好睡足6小時，睡眠不足將影響隔天的大腦活動。體溫是提升睡眠品質

的重要因素，在就寢的90分鐘前洗好澡，可以縮小就寢時皮膚和身體深部之間的溫度差，以利入眠。另外，在儲備記憶的「點子儲備期」間，學習後儘快就寢確實效果最好，不過到了想利用直覺系統的「點子集中期」時，就可以變化為**考察（理論系統）→泡澡（直覺系統）→90分鐘後→睡眠（直覺系統）**的模式。

以下總結在睡眠時促進直覺系統的方法。

1. 在清醒時讓大腦運轉，使用理論系統發想點子。
2. 在就寢的90分鐘前洗完澡。
3. 對夢抱持興趣，懷著想做夢的心情入睡。
4. 如果有在意的夢且睡醒時還記得的話，就筆記下來。
   （不然很快就會忘了）

「閱讀筆記、雜誌、漫畫或書籍」
～以外在刺激為觸媒啟動直覺系統～

　　給予外在刺激，也是啟動直覺系統的方法，活用「筆記本（備忘錄）」就是其中之一。如果從序章就開始跟著本書的進度準備，這時你手邊應該已經有一本筆記本（備忘錄）了。每天都複習一次裡面的內容，或許某些東西就會突然連結起來，誕生新的靈感。如果因此想到什麼也要記錄下來。

　　李奧納多・達文西留下了40年份的手記和素描草稿，豐富的內容涵蓋物理學、地理學、解剖學、光學、幾何學、鳥類飛翔觀察、植物學和動物學等，現存約5000頁，但據說實際上是高達3倍之多的15000頁。發明大王愛迪生同樣留有大量的筆記（大學筆記本3500本的分量），據說他的靈感泉源便是來自這些筆記。愛迪生有複習筆記的習慣，每天都會重新翻閱，構思新點子。

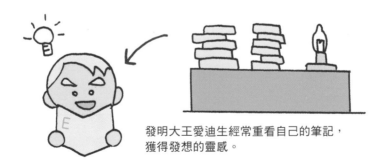

發明大王愛迪生經常重看自己的筆記，
獲得發想的靈感。

　　雜誌和書籍也能觸發靈感。汽車設計師必須在許多限制下創造出新設計，因此他們會從各種雜誌中尋找提示。雜誌對流行趨勢特別敏感，在需要構想新點子時，有機會觸發靈感。

閱讀時可以運用理論系統，一邊看一邊思考「可以學到什麼」，但單純瀏覽喜歡的雜誌、不帶特定目的也沒關係。

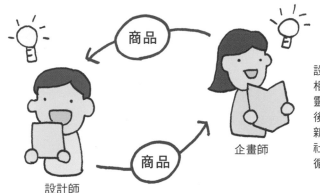

設計師和企畫師各自從相異行業的商品上得到靈感、做成新作品，然後又再影響其他行業的新商品誕生。點子會在社會上互相影響、形成循環。

另外，充滿視覺資訊的漫畫同樣是素材寶庫，新出版的書籍也能觸發新創意。日本擁有大量各類領域的漫畫，一定要好好利用。書籍則可以參考「書名」，走進書店瀏覽一排排各式書背，說不定就能從書名得到靈感。比起直接走到相關主題的區域，建議最初不要多想，隨意逛逛，最後再去看主題相似的書會比較好。

圖書館和書店都有許多靈感寶藏。

基本 5 「說給別人聽」
~資訊整理~

　　放空心靈散步、泡澡、睡覺全都做了，依然沒有點子浮現；參考了筆記和雜誌，也遲遲等不到靈感來臨。心裡亂糟糟的，想不到什麼好主意時，還有一個方法：把截至目前的發想經過，說給某個人聽。這個人可以是同事，前輩或晚輩都行，家人、朋友也無妨，向別人述說才是重點。

向他人說明想法的同時，可能就
會冒出新點子（覺察效應）。

　　在和他人說明的過程中，人會一邊說話一邊在腦中整理資訊。心裡想著「該按什麼順序說明對方才會理解」時，可能就會突然恍然大悟、浮現新點子，這稱為**覺察效應**。覺察（Awareness）就是「發現」「理解」之意，有可能是經整理後領悟的理論性「靈光一閃」，也可能是感覺性的「直覺」。

　　為了跟別人說明而在腦中整理時，透過「出聲說明」和「反覆思考」的刺激，就可能啟發覺察。整理資訊時大腦清出來的空間，也有機會開啟直覺系統。因為腦內存在空白狀態時，就容易產生直覺。

　　除此之外，在整理並說明的過程中，也能釐清自己不了解的地方，明白問題點和接下來該做什麼。「向他人說明」的行為本身就是理論系統的一部分，再次重複「思考」的動作，或許就能有新發現。坐在書桌前想得再久，超過一定時間後，效率就會下降。這時就試著說給別人聽吧！

　　此外，人都有被傾聽的需求，把話說出來給其他人聽，心裡也會舒暢許多。這稱為**宣洩效應**（Catharsis effect），心情暢快了，看事物的觀點也能煥然一新。

話說出來給其他人聽，
心情會舒暢許多（宣洩效應），
放鬆狀態下也更容易
想出好點子。

基本6 「小酌」
～讓直覺系統躍升優勢地位～

容易冒出新點子的地方，可歸納為「4b」——Bed（床）、Bathroom（浴室）、Bus（公車）和Bar（酒吧），也就是睡夢中、洗澡時、乘車中、飲酒時。

莫非，酒也有促進點子產生的效果？

先來個問題

這3個字的下面，可以填入哪個共同的字？

野……案答確正

美國伊利諾大學（University of Illinois）針對一群受試者進行飲酒的研究，發現在需要專注力的問題上，少量飲酒者的正確率比較低。不過，如果是需要創造力的問題，則正確率會比無飲酒者高出40%之多。研究人員給受試者3個單字，要求他們找出和這3個單字相關聯的第4個單字。沒錯，就是和上述問題類似的直覺型問題。不可思議的是，攝取酒精者回答的

速度較快，血中酒精濃度在0.075%時表現尤佳，大約等同啤酒（350ml）2～3瓶、單一威士忌3杯左右的程度。需注意若飲酒過量，效果仍會下降。

而奧地利格拉茲大學（University of Graz）研究團隊的實驗也顯示，飲酒者的實務能力雖然較差，解決創造性問題的能力卻有提升。研究團隊認為，這是因為人的視野往往侷限於一點，而酒精可以解放視野，讓創造性能力更容易發揮出來。換言之，理論性能力、分析性能力下降的同時，可能會由直覺系統取而代之，躍升至優勢地位。而酒精具有令人放鬆的效果，或許也能對直覺系統產生正面作用。

適量飲酒

呼呼……

實務能力下降

啊

創造性能力提升

偶然機運？誘發法
~偶發性點子發想法~

　　與好點子的相遇，也可能出自於偶然。偶發性的幸運邂逅，稱為「**偶然機運（Serendipity）**」。英國政治家兼小說家霍勒斯・沃波爾（Horace Walpole）發明了這個詞彙，在英語圈被廣泛使用。那些創造了暢銷作品和有偉大發現的人，都是受「偶然機運」眷顧的寵兒。

　　不過這其中也並非完全只有偶然，「採取行動」並「留意覺察」，都會增加邂逅和發現的機率。接下來就介紹誘發「偶然機運」的方法。

優缺點

・不需用理論思考得太深入，以直覺就能邂逅好點子。

・部分程度上依賴偶然性，無法保證結果。

步驟

1. 深信自己一定能遇見好點子。
2. 首先是「行動」。無需立定計畫，直接行動即可。
3. 隨意到店家逛逛，把各種東西拿在手裡看看，經常處於「行動」狀態。
4. 從3.獲得無數資訊，一旦感受到任何刺激，就記下這個物體給你的感覺。
5. 如果可以直接轉化成具體的點子，就欣然接受這個刺激，與你的問題進行自由聯想。

6. 即使不順利也別著急，繼續下一個「行動」即可。

7. 在一天的最後打開筆記本，從頭瀏覽一次今天的紀錄 基本4 。

8. 泡澡 基本2 、就寢 基本3 ，靜待點子以「直覺」的形式現身。

   ※ 也可以在 7. 和 8. 之間加入飲酒 基本6 的環節，降低思考的藩籬，或許更能讓「直覺」降臨。個別的 基本 項目請參照 p.89。

想到什麼隨即行動

出發～！

偶然看見的、在意的事物就能成為提示。

這能吃嗎？

來回想吧！

晚上喝點酒，回顧今天的行動。

●因「偶然機運」誕生的事物

生物學家弗萊明（Alexander Fleming）在研究葡萄球菌時，青黴菌的孢子意外落入葡萄球菌的培養皿中，汙染了菌叢。

偏偏此時弗萊明出外旅行多日，青黴菌便在培養皿中恣意生長。直到他旅行回來後才發現此事，並觀察到青黴菌的周圍都沒有葡萄球菌生長的現象。弗萊明直覺有異，對青黴菌展開研究，最後便發現了世界第一個抗生素——盤尼西林。罕見的青黴素飛入培養皿的偶然，與長時間外出旅行的偶然相互交織，再加上弗萊明的「留意覺察」，誕生了往後拯救數百萬人的救命藥。

點子接龍
〜點子聯想構思法〜

　　利用「接龍」的方式，直覺地讓點子一個接一個延續下去，這種方法叫做「點子接龍」。就像「蘋果→果樹→樹葉」這樣，用最後一個字音接龍，聯想出下一個點子。

優缺點

・任何人都可以簡單輕鬆地想出大量點子。
・在大量的點子中，實際能用的僅有少數。

發想者

高橋晉平（Usagi股份有限公司代表董事，在萬代股份有限公司任職期間曾研發人氣商品「無限氣泡捏捏樂」）。

步驟

1. 用最後一字接龍的方式，一個接一個聯想點子。
2. 想到100個點子後，從中選出幾個。
3. 請他人評論你選出的點子。
4. 將剩下的點子修正後使用。

蘋果→果樹
果樹→樹葉

利用接龍
聯想點子

篩選點子

請別人提供
意見和評價，
編修後完成。

具體案例

> 正在進行「地方振興」企畫，卻想不出好點子。
> 試試看「點子接龍」吧！

1. 「地方振興」（日文發音machiokoshi）→「鹿」
   （shika）：開發野味料理；「鹿」（shika）→「果子」
   （kajitsu）：當地產果子品牌化；「果子」（kajitsu）→
   「釣魚」（tsuri）：開挖巨大釣魚池；「釣魚」（tsuri）→
   「松鼠」（risu）：松鼠主題動物園……
   像這樣逐一提出點子，不需顧慮點子品質，愈多愈好。
   （此為日文發音範例）

2. 從100個點子中選出「當地產果子品牌化」「老屋再生」和
   「創造當地吉祥物」，聽取他人意見。

3. 把點子拿給朋友看，對方告知看過電視節目介紹的南美產
   特殊水果。

4. 企畫目標的小鎮，目前問題正是出產的水果不受歡迎，因
   此可調查、研究該南美水果是否適宜在日本栽種，並整理
   提案。

創造點子
有趣的直覺接龍形式，
可能會創造出令人驚奇
的點子。

訓練大腦
一個接一個快速聯想，
可以鍛鍊大腦迴路。

不只能實際創造點子，也能訓練發想方法。

「放鬆」與創造性
～放鬆可以打開視野～

在工作或通勤時，會有各式各樣的事物進入我們的視野。大家或許認為，這些數量龐大的資訊，都會由大腦進行處理。然而實際上，我們並不會真的「看見」所有進入我們視野的東西。我們所見的不過只是整體樣貌（整體印象），而非細部。人類的眼睛可以一望即見各種事物，細節其實是很常看不見的。

在放鬆狀態下觀察四周，可以培養出創造性所需的「覺察力」。太過「執著」於想發現什麼，反而會忽略真正重要的事物，因此我們必須用輕鬆的心態環顧周遭。正因散步、入浴和飲酒時也是放鬆狀態，方能發現並吸收新事物，湧出新點子。如果在理論性思考下遲遲無法浮現點子，最好還是停止思考、放輕鬆去接觸各種事物吧。

啊！

第4章

「整理」點子的
企劃技巧

第1階段　　蒐集點子的素材

第2階段　　「創造」點子（理論系統）

第3階段　　停止「創造」（直覺系統）

▶ **第4階段　　「整理」點子**

第5階段　　「展現」點子

第6階段　　「傳達」點子

　　想出點子後，就要進入本章確認與整理的環節，這個部分可是馬虎不得的。

將點子昇華為「企畫」
～整理點子～

運用理論和直覺系統，終於想出好點子了，但事情還沒結束。如果不能把點子的好處傳達給他人，點子就沒有存在的價值。

很常見到「剛想到好點子就急忙想告訴別人，卻不知該怎麼說才能讓對方聽懂」的挫折情境。對自己的點子只有片段的了解，就和不了解是一樣的，才會犯下這種常見的錯誤。自己都不懂的東西，又怎麼能傳達給別人呢？因此務必先整理好點子的全貌，並充分理解才行。

雖然沒有特別嚴格的定義，不過所謂的「點子」，通常是指解決問題的提示、辦法或主意。把點子昇華為「企畫」，是讓他人理解的重要步驟。

一言以蔽之，經過「計劃」的點子就是企畫。舉例來說，現在的課題是「公司接下來要推出的新產品」。先動用理論系統，把Ａ功能加上Ｂ功能，構思了一個產品ＡＢ。接著啟動直覺系統，加上一個出乎意料的附加價值Ｃ，創造出ＡＢＣ這個新產品，這就是點子了。

當然，就這樣直接告訴別人也是可行的，不過以商務場合來說，其實還有很多不足。關於這個ＡＢＣ產品，該以什麼方式製作（量產）、如何普及化、如何販售，對此進行構思並加以歸納、立定計畫，這就是「企畫」。**必須在原本的點子上賦予成功可行的依據和理由，讓它即使離開你的手上，仍然可以明確傳達給其他人。**

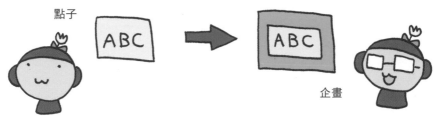

· 成功可行的依據
· 成功的理論方法

點子

企畫

第一步就是複習之前想出來的點子，用5W3H來進行確認。這個階段不需要每項都有，但其中前3點是最重要的。

〈What〉 做什麼（點子概要、方向）

〈Why〉 為何而做（目的）

〈Who〉 做給誰（目標對象）

〈Where〉 哪裡（執行場所）

〈When〉 何時（執行日）

〈How〉 怎麼做（推行方法）

〈How much〉 多少花費（預算）

〈How long〉 多久（企畫執行期間）

如果有欠缺但重要之處，就要把該部分補足。確保構思好的點子符合委託人的需求，也是非常重要的一點。一個企畫者不能只做自己想做的東西，這個點子能不能滿足委託人期望、讓委託人心動，都要在這個階段確認好。

確認點子的「背景」
～設定背景時要考量委託人的心理～

第2章開頭就針對「發想點子前先畫出設計圖」說明過，這邊就再次確認點子誕生的背景吧。負責構想點子的一方，有時不會太在意這個背景。

然而，對提出委託的一方來說，點子的背景十分重要。如果委託人是企業，該專案的負責人就必須將你提出的點子提交給他的主管。

那麼，下面的兩種狀況，哪一種才會獲得主管的認真看待呢？

❶ 屬下表示：「現在有一個好點子的提案」。

❷ 屬下表示：「我們公司的產品存在下列問題」「公司的現況如下所示」，所以要採用「像這樣的好點子」，以便「實現這樣的成果」。

此外，如果是接受對方委託「想一個點子」也就罷了，若是由我方主動提案時，必須讓對方負責人明確理解到這個提案對他有何好處，才會讓他想願意承擔責任向主管報告。如果對自己沒有好處，負責人心裡應該也不會認真地「考慮採用這個點子」吧。公司內部的提案也是同理，站在直屬上司的角度設想，就會明白點子「背景」和「目的」的重要性。

向客戶提案時，要確實釐清客戶的背景；對公司內部的提案，則需確實了解公司的狀況。

‧業界地位

‧現有商品的業績

‧自家公司（或客戶）的弱點與強項

‧產生弱點的危險性，創造強項的可能性

‧今後展望（目標）等

思考過上述項目後，就能整理出這樣的綱要：

‧因為存在這些「背景」

‧要用這個點子

‧實現這樣的「目的」

　　好點子已經想出來了，倘若還不清楚「背景」和「目的」，現在還來得及好好歸納。

背景	使用這個點子	目的
‧市占率為〇% ‧業績狀態是〇〇 ‧未來業界會是〇〇 ‧弱點是〇〇		‧提高市占率〇% ‧提高業績〇% ‧未來需要的是〇〇 ‧創造強項

清楚易懂！

點子是否循「概念」而行？
~確認與修正概念①~

　　規劃點子的設計圖時，理應會設定點子的「概念（暫定）」（參照第2章 p.58）。這裡就要進一步將其發展為正式的「概念」，用簡單的一句話來表達點子的方向和核心思想。

　　舉例來說。

　　假設你是某間文具公司的職員，要負責文具新產品的開發。

背景　公司的文具銷售業績下滑（比去年減少10%）

　　↓

目的　希望能增加文具的銷售業績（比去年增加5%）

　　↓

點子方向

　　○希望開發具衝擊性的新商品

　　○追求最佳便利性的文具

　　↓

概念（暫定）　「終極的多功能筆」

你依照上述流程進行概念設定。

　　而點子的實質內容如下：

・七合一自動筆

　　（集合了自動筆、紅筆、黑筆、簽字筆、剪刀、尺和圓規功能的自動鉛筆）

審視了點子的實質內容後，你覺得與其說這是「多功能筆」，更像是把整個鉛筆盒濃縮在一支筆中。因此進行了如下修正：

概念 「ALL SEVEN PEN」

然而實際上的點子又不只一項：

- 七合一自動筆

  （集合了自動筆、紅筆、黑筆、簽字筆、剪刀、尺和圓規功能的自動鉛筆）

- 十色原子筆

- 智慧筆（可以將寫在紙上的文字數位化，成為智慧型手機裡的文字檔）

因此，為了用一句話說明整個點子，你再度修正設定為：

概念 終極的便利文具

接著將這些點子們整理、歸納為 A、B、C 的 3 個企畫案即可。

可以說明單一個點子的概念，也可以從多個點子的整體角度去說明。如此整理後不但清楚易懂，也會呈現出高質感的效果。

單一概念 「○○○○○」	整體概念 「○○○○○」
提案商品	・A 案 ・B 案 ・C 案 …

點子是否循「概念」而行？
～確認與修正概念②～

再來思考另一個例子。

一間手機應用程式開發商，委託你設計一款新的社群服務。

背景 智慧型手機應用程式氾濫，與其他產品的差異化不足，也無法有效讓使用者付費，希望你能提出新的服務點子。

↓

目的 構思一款前所未見的全新社群服務，有效聚集使用者。

↓

點子方向

○ 社群服務

○ 前所未見的全新架構

↓

概念（暫定） 「新社群服務」

你依照上述流程進行概念設定。關於點子的實質內容，你想到：

創造一個依個性分類的社群

詳細的點子內容如下：

1. 使用者必須先回答一些心理測驗。

2. 根據測驗結果，依照自我圖（Egograms）性格分類和色彩心理學分類，將使用者的性格傾向分為12種模式和「A」「B」兩組。

3. 同組使用者具有相同的性格傾向,因此可以經由留言板或直接私訊等方式互相交流。

4. 舉辦活動,讓性格傾向相反的人們有機會相互接觸,並引導同組使用者彼此交流。

5. 最後,針對不同的性格傾向,推出相應的周邊商品或活動。如果是會把錢花在自己身上的性格傾向組別,就推薦他們購買美容課程或化妝品;對於喜歡戶外活動的性格傾向組別,則推薦露營商品。以對使用者直接行銷(Direct Marketing)的方式獲取利益。

根據上述內容,再度修正設定為:

概念 「性格診斷社群服務」

不過,只有性格分類還不夠好玩,所以再進一步修改點子,與各種動物組合成「紅色熊熊組」「綠色兔兔組」之類的,增添樂趣。

概念(暫定)→概念→點子修正,像這樣精益求精的過程也是很重要的。

概念(暫定)→點子修正→概念修正→點子修正,像這樣在一個大框架中不斷編修,讓點子逐漸長成更好的模樣。

製作成企畫書或提案書後,再把最後一個版本的概念,自信滿滿地說成是「從一開始就想到的」點子。在提案時給人充分自信感是很重要的。

點子要幾個才夠？

~選擇愈多，就愈無法抉擇~

　　點子是想了很多，不過提案時要提幾個比較好呢？各位或許也有這樣的煩惱。

　　好不容易辛苦想了這麼多點子，通常都會想儘量提出來。然而，依照主題和業種不同雖有差異，不過以具體的點子來說，一般提出 3 ～ 6 個方案就好。

從 3 ～ 6 個方案中，可以選出自己需要的那個。

當提案數過多時，反而不知該如何選擇了。

　　這也是有道理的。人類的判斷基準在於「比較」，正因為會對各種事物進行比較，一旦比較的對象過多或過於複雜，反而會容易「放棄選擇」。

　　哥倫比亞大學商學院的希娜·艾恩嘉教授（Sheena Iyengar）和史丹佛大學的馬克·萊普教授（Mark Lepper）做過一個實驗，研究選項數目與購買意願間的關係。他們在北加州一間超市裡舉辦果醬試吃活動，提供 6 種及 24 種口味的果醬

供顧客選擇，並記錄他們的反應。當現場擺出6種口味時，有40%的顧客會試吃，擺出24種口味時則有60%的人會試吃。然而實際的購買率卻出人意料，面對6種口味的顧客，有30%的人買了果醬，而面對24種口味的顧客，卻只有3%的人掏錢購買。

　　這個實驗告訴我們，選項愈多，商品確實愈有吸引力，但到了要實際購買的階段時，卻反而會讓人猶豫不決，削弱了購買意願。

　　看到餐廳的菜單超級豐富，固然令人興奮，但真的要點餐時卻覺得很麻煩，乾脆直接問店員「有沒有推薦的菜色」，背後就是這個道理。

　　筆者也聽電視購物節目的負責人說過，像包包一類的商品，有5種顏色時的銷售是最好的。選項太多反而選擇困難，太少則會覺得裡面沒有自己想要的。

　　企劃提案時也是同理。以設計等視覺性點子或相對單純的點子來說，大約提5個主要方案 ±1案即可。如果是需要說明的商品或服務，則匯集在4個方案 ±1案比較好。情感上雖可以理解因為不知道對方會喜歡哪個，索性多提一些點子的想法，但以科學角度來說，這種做法實在稱不上有效。

　　為了增加提案數量，或是為了突顯出其他方案的優點，刻意放入原本就不打算通過的「犧牲性方案」，也是一般常見的做法。

設定概念時的參考資料
～最近受歡迎的概念、標語～

　　概念就是要用一句話總結點子的主軸和方向。概念可以自由設定，這邊就介紹幾種容易受到喜愛的用詞。

　　在第 1 章 p.36 等地方說明過，人類都具有規避損失的傾向。**隨著年齡增長，這樣的傾向會愈高，在商品開發和顧客服務的工作現場，這點絕對不容忽視。**決定點子的概念或宣傳標語時，希望各位都能把這件事放在心上。舉例來說，「每個人都在用」或「很多人都在使用」，就是利用了損失規避性質的標語。看到的人可能會覺得「不用說不定就輸了，那我也來用吧」。而像是「由 100 位醫師開發的安全○○」或「97% 的人都想繼續使用的方便○○」，也是受到顧客和公司內部歡迎的用詞。

　　「第一」的表現方式也很重要。與其老老實實地說是「全國第六」，「在這個地區第一」的說法能給人更好的印象。比起品質很好、業績很好這種空泛的語言，「業界第一」的文字看起來更加分。選擇「第一」的心理，也是源自於想要規避損失、增加安心感的傾向。

　　各位在設定概念時，不妨參考看看。

第5章

「展現」點子的
方法大全

第 1 階段	蒐集點子的素材
第 2 階段	「創造」點子（理論系統）
第 3 階段	停止「創造」（直覺系統）
第 4 階段	「整理」點子
▶ **第 5 階段**	**「展現」點子**
第 6 階段	「傳達」點子

　　本章將介紹如何透過企畫書和提案書，向他人「展現」點子的技術。並經由製作企畫書的過程，介紹實踐點子所需的技巧。

將點子歸納為企畫書、提案書

～傳達點子時的基本書寫格式～

在第4章的第4階段中，我們已經知道要如何將點子整理、歸納為概念了。接下來，就要想辦法讓點子看起來更加迷人。要讓對方為之心動，最簡單也最易懂的方式，就是製作「企畫書」。所謂的企畫書，就是下列與實施點子（問題解決方案、活動、新商品等）相關的資訊之總結：

❶點子誕生的背景？

❷提出的目的？　〈Why〉

❸對誰提案？　〈Who〉

❹方向為何？　〈What〉

❺有什麼具體的點子？　〈What〉

❻以什麼為依據（資料、理論）？

❼實施的時程是？　〈When〉

❽執行團隊有哪些成員、在什麼樣的體制下實施？　〈How〉

❾預算大約多少？　〈How much〉

❿在什麼地方？　〈Where〉

⓫持續多長時間，或是限時、不設定時間？　〈How long〉

當然，這些項目可能需要依不同企畫增減，不過基礎大致如此。

特別是❻以下的項目比較麻煩，需要調查、蒐集資料或公司內部調整，因此有時也可以先將項目❶～❺準備好，再以此估算出❼和❾，將這些整理為「提案書」送交客戶或公司內部

討論，確認對方的想法。

　　每間企業對於「企畫書」和「提案書」的定義都不同，處理方式也不見得一樣，沒有什麼絕對正確的定義，所以必須個別調整以符合每間公司的特性。以整體的大框架來說，企畫書是「列出將點子付諸實現必須的所有事項，也是企業的營運和實務指南」，提案書則是「提出實施企畫的方向和點子的內容，以對外（或對公司內部）確認想法」，兩者的區別大致如此。首先是製作提案書，客戶看過後，再加以修正為企畫書提出。

　　舉例來說，就像是在提案書裡詢問「你餓了嗎？來點義大利料理如何？」對方回答「好啊」，於是你再提出「那麼，就來吃煙花女義大利麵吧。預算是330元，10分鐘後就能上菜」的企畫書。如果一開始就劈頭問對方「要不要吃煙花女義大利麵？」要是對方根本不想吃義大利料理，那就白費力氣了。

| 企劃書

範例猴 | · 清楚寫明「背景」「目的」「具體方案」「時程」「體制」「預算」「預估效果」等
· 可以同時作為實施指南的就是「成功的企畫書」 |

| · 清楚寫明「背景」「目的」「具體方案」「時程」「大致預算」等
· 針對實施進行檢討的資料，即「方向的確認書」 | 提案書

範例猴 |

根據不同企業或業種，使用企畫書和提案書的方式也會有所不同，例如有的提案書只會提出問題點和方向，不會包括統整前用來確認的「具體方案」；也有只做到「具體方案」的程度，尚不足以當作實施指南的企畫書。

企畫書模板

～一頁企畫書（直式）範例①～

　　企畫書的形態和需要的項目，會因企畫的對象而異。但無論什麼樣的企畫書，都有一些必要的基本項目。將這些項目簡潔彙整而成的企畫書，就是「一頁企畫書」。

　　在提出正式的企畫書前，很適合使用一頁企畫書來探聽公司內部的看法，也可以作為事前確認之用。例如向客戶提報前，可以先提供一頁企畫書給負責的窗口「確認方向」。有的企業會特別推廣「一頁企畫書」，甚至直接當作正式企畫書付諸實行。

　　透過製作一頁企畫書，也可以練習規劃更長更完整的企畫書。以下是具體的範例模板，各位不妨參考看看。

●標題、副標題

　　用一句話表達企畫的具體提案內容。就算有很多東西想放進去，也要儘量精簡。無法在標題裡表達的，可以用副標題來補足。如果用標題就足以說明，副標題也可以省略。

●企畫背景

　　包括企畫方向說明會的內容、業界市場和委託方的企業現狀等，清楚說明為什麼需要這個企畫的背景因素。

●企畫目的

　　即這個企畫所追求的目標。最好用具體的數值表達，例如增加○％業績、提高○％市占率等。

標題、副標題
標題要「簡短」「易讀」（最好在20字以內），副標題的作用是標題內容的補充。

日期、提案者姓名
寫上提案日期與提案者（公司名稱、部門、個人姓名／團體名），通常會放在企畫書右上方。

企畫背景
說明業界市場和委託方的企業現狀等，目的是釐清問題點所在。

企畫目的
說明提案所追求的目的，最好使用具體的數值呈現。

年　　月　　日		

標題
副標題

部門
姓名

背景

目的

概念〔　　　　　　　　　　　〕

企畫概要

	○月	○月	○月	○月

投資效果

企畫書模板
～一頁企畫書（直式）範例②～

● **概念**

  簡潔說明企畫主軸的概念，盡可能使用簡短易懂的文字。很多人為了留下高質感的印象，也會在這裡使用英文或西班牙文。不過外文的意思通常比較模糊，最好有輔助說明。

● **企畫概要**

  企畫的具體方案（歸納後的點子）。一頁企畫書的篇幅無法容納太多方案，以1～2個具體方案為主簡潔歸納即可。雖然不方便使用大張的圖片、插畫或圖表，還是儘量要努力以視覺化方式呈現。一頁企畫書的文字通常很多，放入圖片或插畫可以讓版面更好看。

● **時程**

  放入時程表，可以增加企畫書的真實度。藉由標註具體的日期，也可以達到「這個企畫一定得進行下去」的心理效果。此外，太過勉強的時程安排，之後只會自討苦吃，所以這邊的時程最好安排得寬鬆一點。

● **投資效果、其他**

  包括專案執行的團隊成員、預算和成本效益比等。這些項目很難全部寫進一頁企畫書內，可以因應企畫的內容，以效果較好的項目，或客戶要求的重要事項為優先。

年　　月　　日

標題

部門

副標題

姓名

背景
- -
- -

目的
- -
- -

概念〔　　　　　　　　　　　　　　　　　　　　　　　　〕

企畫概要
- -
- -
- -
- -

	○月	○月	○月	○月

投資效果
- -

概念

簡潔說明企畫主軸的概念，有些一頁企畫書不會特別設定概念。

企畫概要

統整具體方案，使用圖片或圖表等視覺化的資料讓企畫書更易懂。

時程

在不勉強的範圍內，規劃預定的實施時間。一旦有了時程，企畫的真實感就出來了。

投資效果、其他

說明投資效果或介紹專案團隊的成員。資料愈多，企畫書看起來就愈可信。

企畫書模板
～基本企畫書（橫式）範例①～

對公司外部的企業提出企畫書時，通常會採用B4或A4大小的橫式企畫書。不同企業和業種各有慣用的尺寸，沒有哪個是絕對適合的。

以前說到企畫書，B4或A3是常見的基本尺寸，不過近年愈來愈多企業採用A4尺寸，只有像設計類提案等著重視覺化的呈現時，才會用到B4或A3尺寸。比起美觀的大尺寸，如今實用性和功能性更受重視。

至於企畫書的內容，也有愈來愈多人喜歡大量使用插圖和照片，讓版面顯得更華麗。不過，若不能將基本的項目準確呈現，就會讓人覺得「華而不實」。兼具外表與內在，才是一份好的企畫書。

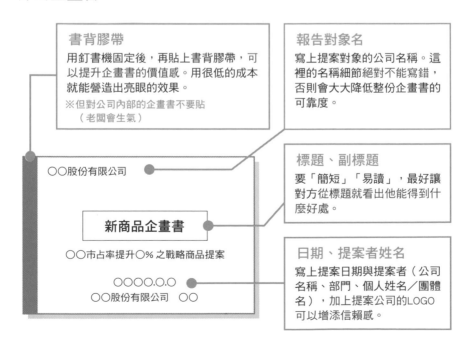

書背膠帶
用釘書機固定後，再貼上書背膠帶，可以提升企畫書的價值感。用很低的成本就能營造出亮眼的效果。
※但對公司內部的企畫書不要貼（老闆會生氣）

報告對象名
寫上提案對象的公司名稱。這裡的名稱細節絕對不能寫錯，否則會大大降低整份企畫書的可靠度。

標題、副標題
要「簡短」「易讀」，最好讓對方從標題就看出他能得到什麼好處。

日期、提案者姓名
寫上提案日期與提案者（公司名稱、部門、個人姓名／團體名），加上提案公司的LOGO可以增添信賴感。

○○股份有限公司

新商品企畫書

○○市占率提升○% 之戰略商品提案

○○○○.○.○
○○股份有限公司　○○

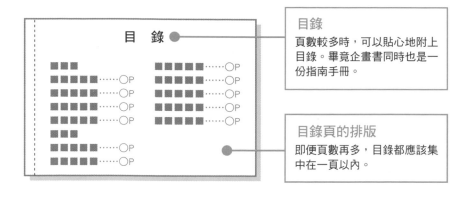

目錄
頁數較多時，可以貼心地附上目錄。畢竟企畫書同時也是一份指南手冊。

目錄頁的排版
即便頁數再多，目錄都應該集中在一頁以內。

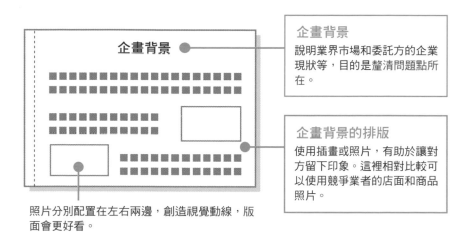

企畫背景
說明業界市場和委託方的企業現狀等，目的是釐清問題點所在。

企畫背景的排版
使用插畫或照片，有助於讓對方留下印象。這裡相對比較可以使用競爭業者的店面和商品照片。

照片分別配置在左右兩邊，創造視覺動線，版面會更好看。

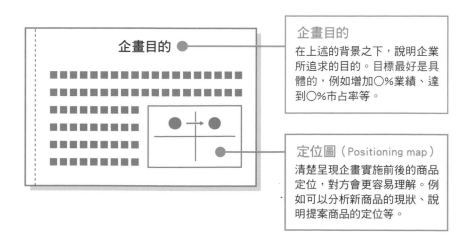

企畫目的
在上述的背景之下，說明企業所追求的目的。目標最好是具體的，例如增加○%業績、達到○%市占率等。

定位圖（Positioning map）
清楚呈現企畫實施前後的商品定位，對方會更容易理解。例如可以分析新商品的現狀、說明提案商品的定位等。

企畫書模板
~基本企畫書（橫式）範例②~

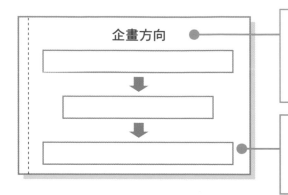

企畫方向
在提出概念前，先說明根據背景和目的規劃出來的企畫方向，也是提案的技巧。將企畫的思路順暢合理地導向概念。

視覺化版面
建議使用方框呈現。因為A所以B，因為B所以C，按部就班地說明，對方更容易接受。

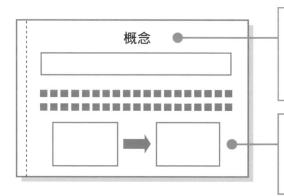

概念
簡潔說明從企畫方向發展至此的企畫主軸。透過設定關鍵字，可以讓雙方對企畫產生共同的印象。

目標客層
假設出目標客層，說明企畫概念會對這些人產生什麼影響，從而營造真實感。

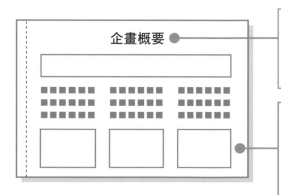

企畫概要
統整企畫的具體方案。不要只有說明文字，最好使用圖片或圖表，以視覺化的資訊說明。

提案數
根據不同內容，提出3~6個方案。可以全部統整在一頁之內，也可以一個方案一頁。重要的是讓對方有可以選擇的感覺。

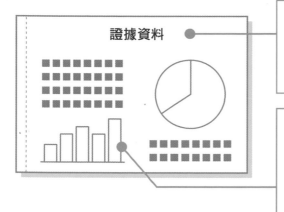

證據資料
展示各種資料,以表達提案內容的優勢所在。重點在於要呈現什麼樣的資料,以及如何呈現。

圖表
活用圖表是呈現資料的好方法。柱狀圖可以表示時間推移下數量的變化;圓餅圖可以表達組成結構及比例;分布狀況則可使用散布圖來呈現。

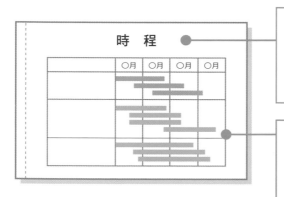

時程
時程要安排得寬鬆一些,與其一開始就勉強排得很緊湊,後面提前完成給人的印象要更好。可以從交期往回推算時間。

時程表
當交期較久、工程數較多時,比起日曆格式,更推薦使用工程表的形式排程。這樣的呈現效果可以給人真實感,提高企畫的評價。

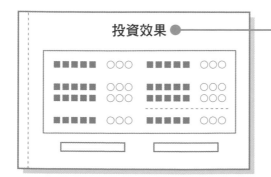

投資效果
對企業來說,是否執行的關鍵在於能增加多少利益。在這裡列出預算總額及估算利益。

其他事項
因應需求列出相關事項,例如專案團隊的成員名單或參考資料等。

在封面使用人臉
~有效的封面設計／笑容效應~

　　該如何製作封面，也是一大煩惱。封面有其獨特的作用所在，首先是下列資訊：

❶ 提案對象（○○股份有限公司 敬啟）
❷ 標題、副標題
❸ 提案日期
❹ 提案者（公司名稱、部門、個人姓名／團體名）

這些基本資訊，必須清楚呈現在封面上。以前為了讓企畫書顯得更加特別，往往會使用書背膠帶，或另外加上一層透明片。不過近年來，簡單清爽的企畫書愈來愈受歡迎，很少看到太華麗的裝飾了。

　　封面的第一要務便是功能性，因此多數人只會把❶～❹放上去就算完成。封面其實就是一份企畫書的顏面，許多人都未曾想過這點，實在是非常可惜。

　　從心理學的角度來看，有一個完全不花錢，只要稍稍用點心，就能讓封面格外吸睛的做法。那就是巧妙地使用包含人臉的照片。這裡說的人臉照片，指的可不是企畫製作者自己的照片，而是使用照片素材庫等服務提供的笑臉照，光是放上這樣的照片，就會變成一張完全不同的封面。與人相關的企業自然無需多說，即便不屬於此類企業，哪怕企畫內容只跟人的面容有一丁點關係，都要盡可能在新商品企畫書（放代表消費者的照片）或活動企畫書（放代表參加者的照片）上使用人臉照

片。

這是為什麼呢？

原因有兩個。首先，在人腦的視覺皮層中，有些細胞只會對人臉產生反應，**看到臉的反應非常敏感**。雜誌多半都會使用藝人的臉當作封面，就是因為放上人臉的封面「賣得好」。顧客會在不知不覺中受到吸引，伸手翻閱。人的臉龐具有下意識喚起注意力的效果，因為大腦很喜歡人的臉。此外，人的笑臉還有不可思議的效果，**可以讓看到的人情緒變得柔軟**。在進入正式的企畫內容前，用笑容先讓對方放鬆下來吧。

封面不需要太過複雜華麗。企畫書的「顏面」無需濃妝艷抹。只稍以人臉照片簡單妝點，就能提升印象，如果企畫內容適合，不妨使用看看。

包含人臉的封面容易喚起注意力，
大腦很喜歡人的臉喔！

在初始效應（參照p.132）的作用下，可以讓整體的印象更加柔軟。
反之，如果企畫書不需要營造柔軟的印象，就不宜使用人臉。

標題要「短而有力」

~如何下一個吸睛的標題／初始效應~

　　有些人認為「企畫書的重點在內容，標題則無關緊要」，但這是錯誤的觀念。對一份企畫書來說，標題十分重要，因為這是提出企畫書時，對方第一眼所見的部分。

　　人類的心理容易受第一眼看見的事物影響，最初感受到的印象，會一直持續影響後續的發展，這稱為**初始效應**（Primacy effect）。在為數眾多的心理效應中，初始效應的影響是最大的，對於視覺資訊及其類似事物的作用又特別強勁。

　　標題雖然屬於文字，但由於長度較短，或許可以達到和視覺資訊相同的效果。因此，標題的用詞應該仔細斟酌決定。

　　不過，如果標題下得太冗長，會讓對方產生「搞不懂這份企畫書想說什麼」的成見。標題應當短而易懂，不要超過30字，最好在20字以內。人對於沒有興趣的事物，只會覺得麻煩、懶得理解。

　　因此，如果還有更多未盡之詞，可以用副標題來補足。副標題的長度就沒有限制了，寫得多長都可以。

　　標題也應儘量突顯、強力宣傳對方的利益，就算有點誇大，一旦標題給對方這份企畫會對自己非常有利的印象，他就會對這份企畫書產生興趣。舉例來說，比起「A公司信用卡系統之活用促銷計畫及其導入企畫書」，簡單明瞭的「利潤提升5%的信用卡促銷企畫」更能激起對方的興趣，且一開始就可以拉高整份企畫的評價。請務必構思一個吸睛有力的標題。

善用標題和
副標題吧

標題
・20字以內，最多不超過30字。
・「短標題」更容易留下印象。

副標題
・在這裡補充其他想說的話。
・若能突顯對對方的好處，就更有吸引力了。

**A 公司信用卡系統之
活用促銷計畫及其導入企畫書**　　← 22 字

利潤提升 5% 的信用卡促銷計畫　　← 14 字

新信用卡促銷計畫　　← 8 字

利潤提升 5% 的新系統提案　　← 副標題

用「書面語」展現文字
～改變語調和字體的心理效應／印象效應～

　　向他人展現你的點子時，也要留意企畫書的文字語氣。你會使用「您所見到的這個方案名稱是○○」這種謙恭有禮的尊敬語氣呢？還是「本方案名為○○」這種書面語？

　　通常，前者會給人細心周到的印象，但文章會被拉長，不容易做出變化。此外，讀起來柔軟流暢的文章，會相對地削弱傳達給對方的危機感和急迫感。另一方面，書面語則可以給人明快有力的印象，但也可能讓對方產生高高在上、裝模作樣的感覺。

　　一般來說，企畫書適合使用書面語。因為每句話的長度較短，對方聽來便鏗鏘有力。只是書寫時必須注意，要避免產生冷淡的負面印象。「某物即是如此」這般斷定的語氣，容易給人不舒服的感受，因此不宜濫用。

　　而採用尊敬語氣的企畫書也未必不好，實際上，這樣的例子仍所在多有。如果是由我方拜託、希望對方可以參考的企畫資料，有時也適合使用尊敬語氣。因此最初撰寫企畫書時，就要以**戰略性思考**來選擇表達的語氣。

　　尊敬語氣和書面語的混合使用，則是一大禁忌。兩種語氣混在一起，會使企畫書失去一致性，顯得節奏紊亂、沒有說服力。混合有混合的技巧，不過那需要高度的技術力，初學者還是敬而遠之方為上策。

　　企畫書該使用什麼字體，也出乎意料地惱人。日文的基本字體分為有稜有角、粗細一致的「黑體（哥德體）」，以及有如同毛筆字「橫、鉤、捺」等變化的「明體（明朝體）」等。

兩者間並無好壞之別，而是要從「功能面」和「視覺印象」的角度，選擇適合的字體。

若是注重功能面，**黑體更具衝擊力，適合用來突顯較短的句子**。例如用大螢幕簡報的方式提報企畫時，文字多為條列式呈現，因此黑體肯定是首選。而**用在文字量多的說明文時，明體則會顯得較清爽易讀**。

從視覺印象的角度來說，在提供企業諮詢類的企畫書時，使用黑體可以表達信賴感。如果希望傳達柔軟的印象，明體會是比較好的選擇。有人會在企畫書上混用廣告 POP 字體、黑體和明體，不推薦這種做法，看起來很雜亂。混亂的印象會讓心理產生不協調感，在無意識中降低對方對這份企畫書的信任度。

至於文字大小，標題建議在 14 字級以上，內文在 10 字級以上為佳。文字過大會顯得「廉價」，但也比較「易讀」；反之，文字小則看來「時尚」但「不易讀」。因此設定文字尺寸時，要考慮雙方的平衡。

明體

- 想傳達柔軟印象時。
- 適合用於說明文字。
- 即使文字量多，也不太會顯得版面黑漆漆。

黑體

- 想傳達衝擊力時，可用粗黑體。
- 適合用於條列式文字。
- 識別度高，故基本上適合用於簡報。

> **黑體也有各種粗細**
> **黑體也有各種粗細**
> 黑體也有各種粗細

好文章應當「短小」
～易讀易懂的文章長度與漢字占比～

　　企畫書裡的文字「長度」也需注意。如果只是一個勁地把想說的話全寫出來，文章很容易變得冗長。但讀者能夠理解的文章長度是有限的，因此企畫書應免去無意義的修飾詞。

　　人需要獲得資訊時，會尋求大量文章。然而，面對沒興趣或不確定有無興趣的主題時，一看到長篇文章，就很可能會反射性地拒絕閱讀。考量到企畫書的性質，以較短的文字讓對方覺得「看看也無妨」，比較有機會提高閱讀意願。**企畫書的文章應儘量精簡。**

　　根據一份調查研究，一個句子的平均長度，報紙約在50字，雜誌約在30多字左右。要養成把想說的話用精簡易懂的方式表達的習慣，一句話最長也要控制在50字以內。

　　一句話超過75字，或包含3個以上的逗號，就會比較難閱讀。每個句子的理想長度在30 ～ 45字之間，可以用縮短文字和換行的方式，增加易讀性。

　　此外，日文包括「平假名」「片假名」和「漢字」。通篇充滿平假名或漢字的文章，會很難閱讀。以小說之類的文章而言，漢字稍多一點會比較易讀，但考量企畫書的性質，漢字占比節制一些，讀起來會更輕鬆。一般來說，漢字占比40%算是稍多，企畫書以**漢字占比30%為目標**，整體看起來的印象會比較清爽（註：此處保留原文翻譯不刪減，有日文企畫需求讀者可參考）。

　　企畫書也經常在提及外來語和專有名詞時使用「片假名」。片假名的平均筆畫是2.3畫，常用漢字的筆畫則約10

畫，遠多於片假名。混用平假名、片假名和漢字時，多留意整體視覺的平衡，不僅可以提升文章易讀性，看起來也會層次分明、十分美觀。這就是讓文章更「吸睛」的小技巧。

縮短每個句子的文字長度，會更容易閱讀。

規劃一本以育兒女性和職業婦女為目標客群的情報誌，預計在特輯中介紹對女性（媽媽）實用的孩童健康須知、疾病應對方法，以及育兒的便利情報等。

本情報誌的客群是育兒工作女性。將在特輯中介紹對女性（媽媽）實用的孩童健康須知等育兒情報。

僕達、見本猿は企画書の練習を繰り返し行っている。外に出掛ける時、食事を取っている時、睡眠時も何時も企画書の事を考えている。

漢字占比在40%以上，會給人較難閱讀的印象。

譯：我們範例猴，隨時隨地都在練習寫企畫書。無論外出時、用餐時或睡覺時，隨時都在思考企畫書的事。

僕たちミホンザルは企画書の練習をくりかえしおこなっている。外にでかけるとき、食事をとっているとき、睡眠時も何時も企画書のことを考えている。

漢字占比降到30%以下時，看起來就比較清爽易讀，但要注意也不能太少。

譯：我們範例猴，隨時隨地都在練習寫企畫書。無論外出時、用餐時或睡覺時，隨時都在思考企畫書的事。

注意漢字和平假名的平衡感
（註：此處適用日文書企畫）

提高認知速度的「塊狀編輯法」
～視覺化呈現文章的方法／圖形化效果～

當我們有很多東西想在企畫書中表達給對方時，文章就很容易愈變愈長。但許多人一看到滿是文字的企畫書，就會瞬間失去閱讀的興致。因此除了每句話要簡短，整體的文字量也應該降低。

「文字閱讀」固然是一份企畫書的重點，但也別忘了「整體外觀」的影響。文章要儘量精簡，最好可以用圖形或表格呈現。近年有愈來愈多人不再閱讀，看到大量文字就反感。因此應儘量透過圖形化的方式，做出一份讓對方願意看的企畫書。將文章分為塊狀，並在每段之間插入間隔，就能讓版面看起來像一個個的方塊。在 Pawpaw Poroduction，這種方法稱為「塊狀編輯法」。把大量文字圖形化，有許多優點。

版面塞滿文字讓人一看
就不想讀。

透過小標題製造的間隔，
增加讀者「不妨讀看看」的意願。

把標題變大、
把文字視覺化、
讓版面看來像一個個方塊。
讀起來更輕鬆了，
也更容易留下印象。

《塊狀編輯法的優點》

提高對企畫內容的認知速度

　　短小精煉的文章，可以讓讀者在短時間內理解內容（也更想去理解）。理解得快表示文章容易看懂，容易看懂就容易獲得對方的認可。

正確無誤地將自己想呈現的感覺傳達給對方

　　單靠文字，很難將自己想描繪的印象完整傳達出去。在區塊與區塊之間，放進插畫或圖片，更有助於說明。

增加印象，對方更容易記得

　　圖形化的內容較有魄力，對閱讀者的作用力道更強。比起單純的長文章，這樣的版面也更容易留下印象。

視覺化的文章

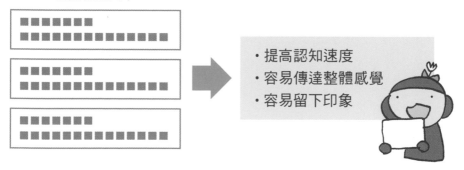

・提高認知速度
・容易傳達整體感覺
・容易留下印象

　　不過，塊狀編輯法也是有缺點的。其中最大的缺點，就是資訊量較低。因此，不需要將每一個部分都用塊狀編輯，而是精準地按需求區分使用時機，才能創造一份具衝擊性也具說服力的企畫書。

「吸睛」的企畫書要先說結論
～企畫書的架構要方便客戶使用～

所謂企畫書要「先說結論」，是有道理的。如果對方對你的企畫書非常有興趣，那麼按部就班慢慢說明，最後再提結論倒也無妨。只不過，當對方對企畫內容不是特別關心時，如果把結論放在後面，就比較難讓對方願意閱讀。

對方對企畫不太感興趣時，可能讀了開頭幾行就覺得「不知所云」，懶得看到最後。因為人都會避開麻煩的事物，會找理由正當化自己「不做什麼」的行為。因此，要盡可能在簡報的開頭就先說明想傳達的重點事項。

當然，一個糟糕的結論，無論放在開頭或結尾都一樣糟糕，不過如果你對自己的點子有信心，就拿到開頭來說吧。企畫書若能從一開始就讓人覺得「好像蠻有意思的」，就能發揮初始效應，容易讓好印象持續下去，對方會帶著正面感受繼續聆聽後面的說明。人的專注力只能持續極短的時間，所以一開始就獲取對方的注意力是非常重要的。先說結論，抓住對方的目光，才能成為一份「吸睛」的企畫書。

以架構來說，可以這樣做。

「結論」→「詳情」
「概要」→「細節」

先說出結論，可以避免說明文字變得冗長。企畫書要盡可能簡單，確實傳達想說的話。

簡報時，能夠直接向擁有最終決定權的人說明，當然是最理想的，不過多數情況下，報告的對象大概都是對方負責人或責任主管（主任階級）。一份企畫書不會僅止於簡報現場，之後負責人也要向其他人（最終決定者）說明才行。若在開頭就先寫上結論，對方負責人說明起來應該也會更輕鬆，最終使企畫更容易通過。因此從方便負責人使用的面向來看，先說結論還是大有好處的。

最後才說結論時

先說結論時

利用「顏色」留下印象的色彩戰略
～顏色的戰略使用方法／色彩心理學～

　　顏色也是企畫書的一項元素。實際上，顏色有時可以大大影響對方心中的印象，這通常會與該顏色的形象有關。

　　色彩心理學，是以科學方法研究顏色對人類影響的一門心理學。了解顏色傳達的訊息，聰明地使用不同顏色，可以讓點子更耀眼，企畫書更有說服力。接著就從色彩心理學的角度，推薦6種好用的顏色。

●紅色

　　紅色是最吸睛、高誘目性的顏色，目光不知不覺就會被吸引過去。就像很多重要用語都會用**紅字**表達，以紅色標示重要用語和希望被注意到的部分，已是廣為使用的做法。此外，紅色也給人「熱情」「具行動力」的印象，因應提案內容巧妙使用，可以加強效果。

●藍色

　　藍色是最受男性歡迎的顏色，在女性喜好的顏色中也名列前茅。藍色在全世界都受到歡迎，許多企業都用藍色作為品牌代表色。藍色給人「冷靜」「信賴感」和「安定」的印象，在希望獲得信任的場合，可以適當地使用極深的藍色。

●黑色

　　一般用於文字的基本色，擁有「強大」「嚴謹」「正式」的形象。由於黑色具備的力道，大面積使用時很引人注目。黑

色與黃色的組合，是可以從遠方看得最清楚的顏色，用投影之類的畫面說明企畫時，可以善用黑色。

● 橘色

親切活潑的顏色，也給人熱鬧歡樂的休閒印象。橘色不像紅色那麼強烈，但仍具備促進行動的力道，用在企畫書也有突顯重點的效果。「健康」「有活力」「開心」是橘色的形象。

● 黃色

黃色屬於引人注意的顏色之一，但由於明度（顏色的亮度）高，放在白色背景前就顯得不太清楚。黃色適合用在喜歡新事物的人身上，巧妙地用在新商品的提案中，可以達到很好的效果。黃色也具有「有活力」「愉快」的形象。用黃色作為背景色時，可以調高明度成奶油色，整體看起來會更自然柔和。

● 綠色

綠色可以安定人的心情，具有調和整體的效果。首都圈的人，比其他地區的人更喜歡綠色。綠色的形象是「自然」「和平」「安全」，淡綠色的背景可以給人溫柔的感覺。綠色對眼睛來說很舒適，是很好用的顏色。

框出來的「說服力」
～強調資訊／方框效果～

　　活用顏色效果，就能讓對方對你的企畫書留下更多印象。企畫書上若有特別重要、特別想傳達給對方的部分，就用紅色系顏色（紅色、橘色）把這個部分框起來。看到方框，對方就會知道這是「重要事項」，再使用引人注目的紅色系顏色，就能更快吸引到對方的目光。

　　不僅如此，改變方框的顏色，也能針對不同目標發揮不同的戰略宣傳效果。

○紅色、橘色

　　最吸睛也最能喚起注意力的色系。鮮為人知的是，比起男性，女性對紅色和橘色的反應更為強烈。女性先天上就比較容易對紅色產生反應，後天上也比男性更常見到紅色，因此在大腦的學習之下，便更容易注意到紅色。如果是以女性為訴求對象的資訊，適合使用紅色或橘色方框。

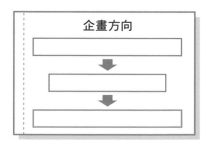

為方框加上顏色可以營造特殊感，
依照顏色種類不同，
給人的印象也不一樣喔。

○藍色

訴求的效果比紅色和橘色弱，相對地，就可以在維持整體畫面協調的前提下，同時突顯出重要的部分。此外，藍色也是容易吸引到男性的顏色，當確認目標對象是男性時，使用藍色方框會很有效果。

○綠色

使用綠色方框，可以表達自己想說的話，並且維持整體畫面的協調感。紅色系適合強調重要事項，而當你想自然地補上附加資訊時，綠色就會是個好選擇。此外，綠色所占的面積增加，也可以讓整份企畫書的氛圍更加柔和。

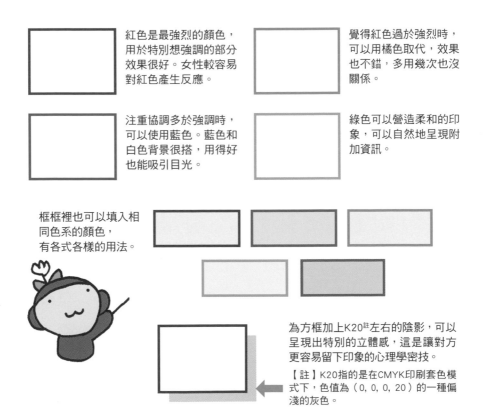

紅色是最強烈的顏色，用於特別想強調的部分效果很好。女性較容易對紅色產生反應。

覺得紅色過於強烈時，可以用橘色取代，效果也不錯，多用幾次也沒關係。

注重協調多於強調時，可以使用藍色。藍色和白色背景很搭，用得好也能吸引目光。

綠色可以營造柔和的印象，可以自然地呈現附加資訊。

框框裡也可以填入相同色系的顏色，有各式各樣的用法。

為方框加上K20註左右的陰影，可以呈現出特別的立體感，這是讓對方更容易留下印象的心理學密技。

【註】K20指的是在CMYK印刷套色模式下，色值為（0、0、0、20）的一種偏淺的灰色。

把想通過的提案放在「左上」
~讓支持的提案通過的方法／左側視野優先法則~

　　人類的大腦中，存在這樣的認知傾向：**容易先看到位於左側的事物，並受其影響**。例如我們展開一張宣傳折頁時，約有7成的人第一眼會往左上角看。隨後目光會往右方移動，接著到左下，最後才會看到右下，呈現「Z字形」的移動軌跡。

A 方案	B 方案
C 方案	D 方案

拿到一張橫向書寫的紙時，
人通常會先看左上方。

　　因此，最重要的資訊要放在左上。仔細看看量販店的傳單，那家店最想促銷的商品，經常就會放在左上角。

　　有各種理論說明人會優先注意左上的原因，其中有兩個說法最有力。

　　第一個說法是，我們平時瀏覽網頁等畫面時，就習慣從左上角看起，所以目光自然而然就會先往左上飄。不過，不僅人類有左側視野優先現象，在鳥類等動物身上也能發現這種特性，因此也有人認為，這其實是受到右腦功能的影響所致。從

左側接收的視覺資訊，是由右腦處理的。或許因為左右腦反應速度之類的差異，才會造成左右有別的資訊處理體系。

以縱橫兩線將紙面分割為 4 塊的商品提案中，自己大力推薦的商品版面配置原則，是**上半部優於下半部，左側優於右側**。

需留意的是，首選的區塊並不一定總是左上角。如果是由右往左閱讀的報紙，或硬幣投入口設在右邊的自動販賣機等，右側的資訊就會優先於左側。

還有一個說法，如果把你想通過的 A 方案放在左上角，則右下角就可以配置 A⁻ 方案（類似 A，但比 A 差的方案）。人對事物的判斷源自於比較，當存在顯而易見的比較對象時，就可以讓 A 方案看起來更加分，這是符合科學的戰略方法。創造一個不以通過為目標的犧牲性方案，用來當作比較的基準，就能烘托出其他優秀方案。

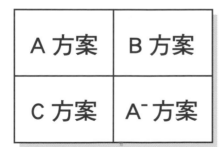

A方案不錯

有了可被比較的對象，
就更容易讓對方選擇你希望通
過的方案。

用「問卷調查」說服別人
～不可輕忽多數人的意見／問卷效應～

　　雖然想到感覺不錯的點子，很想讓它通過提案，但單靠發想者自己的見解，說服力還不夠。因此即便像前面幾節一樣，儘量讓想通過的方案看起來更吸睛，客觀性的證據資料或許還是不可少。

　　以暢銷新商品的開發案為例，如果市場有需求、也沒有同類商品競爭時，就有可能大賣。然而，對握有企畫決定權的人來說，就算理論上明白，也不見得願意乾脆回答「好，就來做吧」，因為沒有根據可以保證絕對不會失敗。**人的心理在面對許多事物時，往往不願意下決定，基本上不希望負起責任**。很少人會不在意損失，損失規避性強的人才是多數。

　　因此，如果不從各個角度強調「這個企畫沒有問題」「這個一旦決定下來，對貴公司有很多好處」「而且對您這位企畫主導者也是加分因素」，就很難繼續推進。

　　這種時候，「問卷調查」就是一個既簡單又有效的方法。問卷經常會被視為具有客觀性的評價資料，可以呈現一般使用者的真實意見，具有說服力。不僅如此，透過問卷的設計，還能在一定程度上引導最終答案的方向。

　　舉例來說，先提出一個看似理所當然的問題：「您會想要擁有方便好用的東西嗎？」接著再讓回答者觀看指定的商品，並提問：「像這種方便好用的商品，您會不會想擁有呢？」那麼，這項商品的評價就會急遽升高。巧妙利用這種階段式的問卷形式，就能讓對自己有利的資料成為客觀的資料。

　　例如希望Ａ方案通過時，可以設計一系列會讓Ａ方案獲得

正面評價的問題，進行問卷調查，並將結果原原本本地放進企畫書。到了提案時，就可以說明「1000人中有70%的人會給予好評並考慮購買」。

　　許多人都會想把問卷調查用在商品開發和問題的改善上，但從科學角度來看，這樣的做法並不正確。因為根據設計提問的方法不同，獲得的結果可能有無數變化。**問卷是要作為一個具客觀性的資料，以求說服公司內外的人所用的**。想提高企畫書的信任度，就需要佐證的資料，而利用問卷，就是一種簡單獲取可信資料的方法。

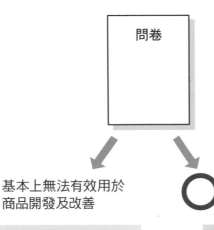

問卷

✕ 基本上無法有效用於商品開發及改善

・結果會因提問方式而改變。
・無法反映正確的實情。

○ 為了通過企畫，用來當作客觀性資料，以增加說服力。

・負責人較容易接受擁有多數基礎的意見。

問卷是說服公司內外的工具，不是用來獲取解答的方式。

比起用問卷調查，
讓客人自由寫下意見的做法，
較能作為點子發想的參考。

刻意「顯露缺點」
~雙面提示與片面提示~

世上不存在完美無缺的點子。期待一個點子擁有很多優點時，缺點理應也是存在的。這種狀況該如何處理？企畫書只要寫好的一面就行了嗎？

片面提示就是只說明優點，雙面提示就是將優點與缺點兩方並陳。心理學的實驗結果顯示，哪一個方法比較有效，取決於聽者知識水準的差異。對具有知識基礎的人說明時，以雙面提示確實闡明優缺點會比較有效；而對其他人則使用片面提示會比較好。

雙面提示	片面提示
優點與缺點一併傳達	只傳達優點
·對於知識分子的效果較好。	·對於思慮不深的人效果較好。
·可增加聽者對企畫書、企畫者的信任度。	·適合用在可以當場決定的提案場合。
·要說明針對缺點的策略。	·仍要將針對缺點的策略準備起來。

只要是稍微和業界相關的人，都很容易發現提案中存在的缺點，因此一開始就要清楚說明缺點和問題點。當然，不需要特別寫得很大很顯眼，用一般的方式呈現即可。

存在明顯的缺點卻不說明，這樣的人無法獲得他人信賴，整份企畫書的信任感也會下降。反之，一開始先把很容易被發

現的缺點說清楚，對方就會覺得「其他部分應該沒有隱瞞了吧」，從而提高對整份企畫的信任度。

　　所以我們也可以反過來，刻意利用缺點。重點在於，是否能在呈現缺點的同時，展現出更多的優點，因此在提及缺點時，可以採取輕描淡寫的敘述方式。

　　如果有口頭說明的機會，就要把缺點放在開頭。接著說「雖然存在這樣的缺點，但也有遠比這更大的優點」，用**優點→缺點→優點**的形式說明。

　　隱藏的缺點之後一旦被發現，信賴可是會大打折扣。企畫書的信任度，就奠基於製作者的信任度。

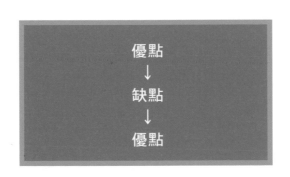

「優點→缺點」
如果只說到這裡，就會留下負面印象。
所以最後一定要再用優點來翻轉、提升印象。

這就是心理學中，
「得失理論」（Gain-Loss Theory）、
「時近效應」（Recency Effect）、
「峰終定律」（Peak-End Rule）
的效果。

1 份好企畫的必備事項
～提案前先確認這些項目～

☑ **企畫方向說明會**
　☑ 是否包含所有企畫方向說明會的內容。
　☑ 是否符合委託人的要求。

☑ **背景**
　☑ 是否能以理論說明點子誕生的背景。
　☑ 是否能抓住相關市場與消費者的動向。

☑ **目的**
　☑ 是否有站在客戶和消費者（使用者）的立場。
　☑ 方向性是否與客戶的經營方針一致。
　☑ 該目的是否具實現的可能，是否有達成的說服力。

☑ **概念**
　☑ 是否能簡潔地表現出點子的方向與主軸。
　☑ 是否做過了頭，導致混亂不明。

☑ **點子的具體策略**
　☑ 是否總結了重點（是否有無用的頁面）。
　☑ 是否有確切的原創性和實際性質。
　☑ 是否有可實現的具體策略和成功的證據。
　☑ 是否有根據、數據和實現的邏輯。
　☑ 是否可以實施讓點子更吸引人的表現方法和技術。

☑ **企畫書整體**

☑ 企畫書的標題是否精簡有力。

☑ 頁數多的企畫書，是否加入了目錄。

☑ 是否應用了圖片、圖表、照片、插畫等視覺方式讓內容更易懂。

☑ 文字是否太多、太擠。

☑ 反之，插畫和圖片是否太多。

☑ **客戶（無最終決定權的負責人）**

☑ 是否有站在負責人的立場思考，讓企畫呈現得清楚易懂。

☑ 除了對公司外，對負責人是否也有利。

☑ **總結**

☑ 本章 p.120 介紹過撰寫企畫書需要的❶～⓫個項目，是否已確實掌握這些主要內容，並彙整成一份流暢的企畫書。

完成！

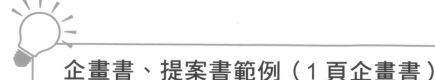

接下來，就根據前面介紹過的整合方法，來實際製作一份企畫書、提案書吧。請參考右頁的範例。

一頁企畫書很適合用來對公司內部提案。有些老闆看到公司內部事務用到好幾張紙，會斥責員工「賺不了錢的事不許浪費」。因此，對自家公司提案時，只要做一張簡單的企畫書就很足夠了。

〔 本企畫書的重點 〕

1. 在公司內部企畫等情境時，只要沒有特別規定，準備省時省錢的一頁企畫書即可。

2. 企畫背景設定為「部門間溝通不足之問題」。主要目的為「改善、增進部門間的溝通」，也包括「提高、激勵員工士氣」等。

3. 至於實際要規劃什麼，不需特別標新立異，因應預算多寡想一些有趣的活動即可。舉例來說，如果公司的氣氛適合舉辦「扮裝派對」或「保齡球大賽」等，就積極往有趣活動的方向提案。為了讓年輕人也能融入，可以準備獎品或規劃「賓果 × 保齡球」「部門團體對抗賽」之類的遊戲性活動。

4. 有時會需要準備證據資料，以便說服公司執行企畫。可以向員工進行簡單的問卷調查，表現出員工的期望和企畫內容是相符合的。

5. 費用概算也是重要的項目。展現出你為了壓低預算做出的努力，可以讓企畫書更容易通過（要寫成是上司的吩咐，把功勞歸給上司）。

企畫背景
如果是一份全新的企畫，就需要說清楚在什麼樣的「企畫背景」下「為什麼需要做這些」。如果是現有企畫的內容提案，就不必花時間在這部分。

設定執行時間
依不同企業的考量，可能規劃在上班時間內或時間外。要表現出儘量不影響勤務的意圖。

社內聯誼保齡球大賽之提案

〇〇部　〇〇

〔企畫原因〕
　　為了改善長期未受重視的部門間溝通問題，提出本企畫案。新進員工分配到各部門，並經過一段時間後，應是最適合舉行活動的時期。

〔目的〕
　　加強部門間的順暢溝通／提高員工士氣。

〔執行概要〕
預定執行日／第 1 候補　〇月〇日（〇）／第 2 候補　〇月〇日（〇）
　　　　　　　17：00 ～ 19：00　　※與業務部討論中
預定會場／〇〇廳（〇〇站步行〇分鐘／從公司前往約花費〇分鐘）
內容／
1. 事先抽籤，將所有員工分為 10 組。需盡可能將同部門員工打散，不要分在同一組別中。
2. 各組決定出場順序，在主持人的開球口令下投球。
3. 每人輪流投一球，除非擊出 strike（全倒），否則未擊倒的球瓶就由同組組員接手投球。以 3 場比賽的綜合得分決定名次。
4. 比賽結束後，換個場地進行表揚、頒獎。其後，同場地會準備輕食供參加者享用。

重點／藉由每人輪流投一球的方式，培養對於所屬組別的歸屬感，讓保齡球這項單人競技升級為團體競技。投球的排序是這個遊戲的重點，組員們為了獲勝一起討論、改善投球策略的經驗，應該也能活用在日後的工作中。

〔預算（費用）〕
球局費、場地費　　$25,000
輕食費　　　　　　$20,000
獎品費　　　　　　$12,500
合計　　　　　　　$57,500

暫定獎品一覽表

※現階段已確認球局費和場地費可使用團體優惠價，仍持續和球館交涉中，以期能再降低開銷。為儘量減少購買獎品的花費，正商請客戶贊助中。

重要事項
特別想強調的事就用粗體字，也可以用方框框起來。這樣會讓整份企畫書看來層次分明，給人的印象更好。

壓低預算
展現出為壓低預算做出的努力，企畫會更容易通過。

附上證據資料
為了回答「有必要辦聯誼嗎？」或「為什麼選保齡球？」之類的質疑，需要準備資料佐證。附上員工的問卷調查結果，是效果不錯的做法。

企畫書、提案書範例（1頁企畫書）

～促銷活動企畫／直式PowerPoint～

　　下一步，就來用PowerPoint製作一份招攬顧客活動的企畫書。在製作正式的企畫書前，可以利用這樣的一頁企畫書探詢主管和負責人的想法，也就是「企劃前的企畫書」。另外，PowerPoint比Word更適合用來處理圖形，可以做出具視覺性的企畫書。先用下面的範例當作簡單練習，再依自己的需求修改吧。

〔 本企畫書的重點 〕

1. 因為只是「企劃前的企畫書」，整體的色彩度要低調一些。

2. 在企畫背景的部分明確點出問題所在，解決這個問題就是企畫目的。盡可能放入具體的數字。

3. 用宣傳活動的標題取代企畫概念，以一句話說明這是什麼樣的活動。「背景」「目的」和「概念」這些基本項目，可以依照不同提案的狀況靈活地做出變化，並非總是不可或缺的。

4. 本次企畫概要的重點在於「要做什麼」，可以將這部分放在整個版面中央的顯眼位置，讓人一拿到企畫書就可以立刻看到重點。

5. 寫出具體的執行時程，請主管和負責人回覆他們的想法，以便盡速展開活動。

6. 當然，性價比是很重要的。在這裡說明本次活動估計需要多少開銷、預計可以收到多少效果。這部分與「企畫目的」相關聯。

企畫背景

用可以讓人產生危機感的方式說明，會比較有效。要確實傳達這份企畫執行的必要性。

標題或標語

雖然還在暫定階段，但有了標題或標語，就更容易想像出實際活動的模樣。

企畫概要
（執行說明）

企畫說明是重點，要擺在顯眼的中央位置。人容易先注意到位於左上的事物，因此最想表達的東西可以配置在左上方。相對地，優先程度最低的資訊，就放在右下角。有的版面為了增強力道，會把所有圖片集中在正中央，但缺點是當視線完全集中在中央時，有可能會忽略其他部分的資訊。

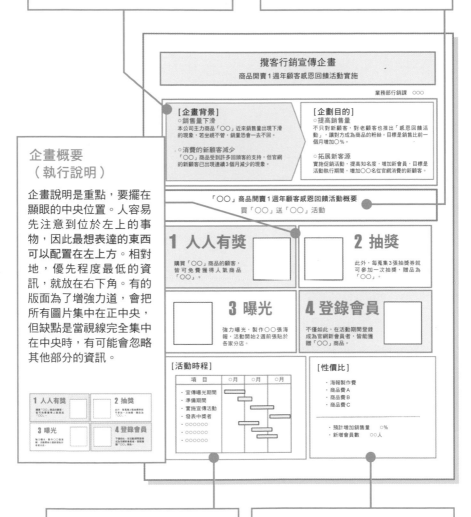

安排時程

列出執行時程，為企畫可行／不可行的決定定出一個期限。有期限的企畫，通過的機率會比較高。

性價比

簡單說明大致的投資效果。將「目的是增加○%的銷售額」之類的資訊具體寫出，就可以連動到新增顧客數。

企畫書、提案書範例（1頁企畫書）

～新商品企畫／橫式PowerPoint～

製作新商品的企畫案，本來就必須花很多時間在調查和籌備設計草案上。這裡就利用一份一頁企畫書的範例模板，說明如何製作簡單的新商品企畫書。在公司內部協調，或對客戶進行事前提案時，都很好用。

〔本企畫書的重點〕

1. 無論企畫背景是什麼，若已經決定製作新商品企畫時，就可以省略企畫背景和目的，從一開始就直接放上要提案的商品。因為第一眼就會看到商品設計，可以給對方深刻的印象。

2. 進行商品企畫時，商品本身會左右企畫書的好壞。因此，製作企畫書時，要確保有足夠的空間來說明商品。特別是市場上已有很多相似商品時，更要明確寫出企畫的商品和其他商品有何差別。

3. 除了設定目標客群的屬性之外，也要附帶說明他們是基於什麼樣的需求購買、什麼樣的東西才是他們需要的。

4. 企畫書的提報對象中有女性時，使用紅色系的顏色會特別有效。重點及希望對方注意的部分，可以用紅字或紅線框起來，這些都是女性特別會注意到的。

從企畫內容開始說明
依照企畫種類不同，有些可直接從企畫內容開始說明，會更強而有力。人通常會先看到左上方的事物，把提案商品放在這邊，可以加深對方的印象。

商品概念
要寫得淺顯易懂，任誰看了腦海中都能浮現畫面。在說明概念的同時，也提出商品的命名提案，可以讓大家心中的印象更加具體。

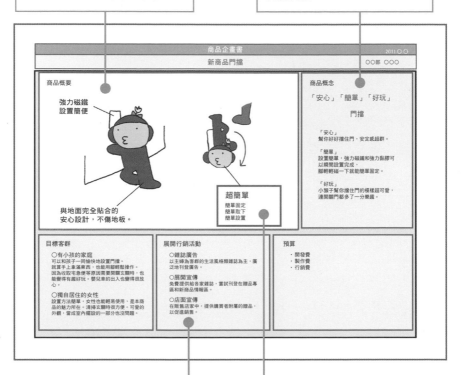

行銷活動展開
在商品企畫中，行銷活動（促銷）是非常重要的項目。如果企畫本身是商品的本質，那麼行銷活動就是演出效果。本質和演出效果搭配良好，就會暢銷。

紅色方框
用紅線把企畫書中特別重要、希望對方看到的部分框起來，可以吸引對方的目光（尤其是女性）。

企畫書需反覆琢磨
～錯誤的文字是很難發現的～

企畫書的製作，千萬不可以拖到提報前才開始進行。

將寫好的企畫書從頭再看一次，重新檢討內容，確認有無錯漏字，調整結構和呈現手法，這樣的過程稱為「琢磨」。反覆琢磨一份企畫書，可以增進你製作企畫書和撰寫文章的實力。

透過不斷重新檢視，可以確認自己的想法是否能確實傳達給對方。琢磨是一個審慎的過程，愈不擅長寫企畫書的人，愈容易看輕琢磨的重要性。明明拚命把自己不擅長的東西做出來了，可不能在最後關頭鬆懈下來。一定要養成習慣，直到最後一秒都要反覆確認。

找出自己的錯漏字是有極限的，因此請別人幫忙看企畫書，也是不可忽略的一環。

為什麼我們往往不會發現自己的錯漏字呢？這是因為人類的一種特殊認知習性。我們在閱讀文字時，並不會一個字一個字去個別辨識，而是根據前後文，用推測的方式去理解整個句子。所以即使中間有一個錯字，因為有前後文輔助，還是可以順暢地讀下去。這種現象稱為**脈絡效應（Context Effects）**。脈絡效應的影響很大，在普通的注意力下，我們經常會因此漏看許多事物。所以方便的話，最好還是請別人幫忙看一遍企畫書，抓出你的盲點後再整合收尾。

第6章

「傳達」點子的
心理技巧

第 1 階段　　蒐集點子的素材

第 2 階段　　「創造」點子（理論系統）

第 3 階段　　停止「創造」（直覺系統）

第 4 階段　　「整理」點子

第 5 階段　　「展現」點子

▶ 第 6 階段　　「傳達」點子

　　最後一章要說明的，是「傳達」點子的心理技巧。好不容易想出了一個好點子，如果沒辦法把它的好傳達給對方，就失去了意義。試著以對多人提案為前提，用最棒的表現傳達最棒的點子吧！

這樣準備就不會緊張了
～提案前的準備①～

　　點子想好了，讓點子更吸引人的企畫書也做好了。最後一步，就是必須讓對方理解這個點子的好。然而，隨著提案的日子接近，你也愈來愈緊張。想到要在多位客戶面前發表，或是對著自家公司的高層提報，就忍不住焦慮起來，連自信都愈來愈少了。這邊就來想想，該怎麼樣才能緩解緊張吧。

　　緊張的原因，就在於「想像到失敗的場景」。簡單來說，是一種身體的防衛反應。為了在發生什麼事時可以立刻做出反應，身體會預先準備。適度的緊張感，可以提高自己的表現。但若是過度緊張，反而會無法發揮原本的實力。那麼，到底該怎麼做才好呢？

●不可以一直想著「不要緊張」

　　有些人一緊張，就會不斷對自己說「不要緊張、不要緊張」。人會緊張不是沒有原因的，如果硬是要壓抑自己的情感，反而會變得更加緊張。面對緊張時不應該壓抑，而是要做好讓自己不會去想像失敗情境的「準備」。

●思考時間分配

　　接著，就開始準備提案。有些提案會有時間限制，事先必須進行至少3次的演練，確認能否在對方給出的時間內說明完畢。就算沒有時間限制，也不能一直說個不停。不同提案內容適合的時間不同，不過基本上短一點會比較好。**據說人可以集中聆聽的時間只有15分鐘左右。**有興趣的話題雖然可以聽久

一點，但要是對方一覺得「好無聊，也太長了吧」，那剩下來的都是「死亡時間」，負面影響將急遽增加。

　　大腦吸收並處理新資訊時的疲勞程度，和認真思考一件事是同等的。提案的時間建議以15分鐘為目標，最長也不要超過30分鐘。**比起用長時間去滿足聽眾，不如讓對方覺得「還想聽更多」**，這種心理技巧十分有效。

　　最糟的狀況，就是時間分配錯誤，到最後只能慌亂收尾，失去了對方的信賴感。就算減少一些修改資料的時間，也應該做好事先演練。重複的演練有助於消除緊張感，並加強腦中對於順利情境的想像。

不可以緊張⋯⋯
　　不可以緊張⋯⋯

這樣想時，反而可能會更緊張，所以不要一直想「不可以緊張」。

思考提案說明的時間分配
以20分鐘為例，可以這樣安排。

・整體說明 ・背景 ・目的	・方向 ・概念 ・內容	・時程安排 ・執行成員 ・執行時期 ・其他
		・問答時間
5 分	10 分	5 分

為了讓自己不緊張，也需要充分地準備。

這樣準備就不會緊張了
～提案前的準備②～

● 規劃1頁資料所需的時間

以投影片簡報說明時，有的人會不知道1張投影片該花多少時間。以往的說法是，1頁投影片大約花2～3分鐘差不多。

不過近年來逐漸追求快速的節奏（受到電視節目大量使用圖卡等影響），所以1～2分鐘就切換下一張也沒問題。用這個時間倒推回去，如果提案時間有20分鐘，那麼使用的投影片就以15～20張為宜。

超時固然是禁忌，但在緊張的狀態說話時，往往會愈說愈快，最後比預定時間提早結束。考慮到這一點，也可以稍微再增加幾張投影片。

● 準備當天的服裝

準備提案時要穿的衣服。基本上，「深藍」「深灰」或「黑色」都是比較好的選擇。這些顏色的服裝，可以提高發言時給人的信賴感。演講時戴紅色領帶有助於集中觀眾視線，不過企畫提案時，建議還是選擇穩重的顏色。

● 想像自己順利提案的模樣

比起抱有「不要緊張」這種否定的情感，應該要想像自己提案得很順利、受到眾人稱讚的模樣。

你已經知道該怎麼做出有科學背景的優秀點子，也通曉讓點子充滿吸引力的方法。

　　接著，再依照本章解說的技巧好好準備，腦中就不會再有失敗的情境了。揮別「不要緊張」的想法，迎接「沒問題，會很順利」的想像吧！你可以放心相信，接下來要提案的對象不是你的敵人。不過要注意的是，最好先向負責人打聽「會有哪些人來聽提案」。聽眾是什麼樣的人、想要什麼樣的東西，了解對方的喜好，也能對提案產生舉足輕重的影響。

　　沒問題，過往累積的經驗會幫助你的。

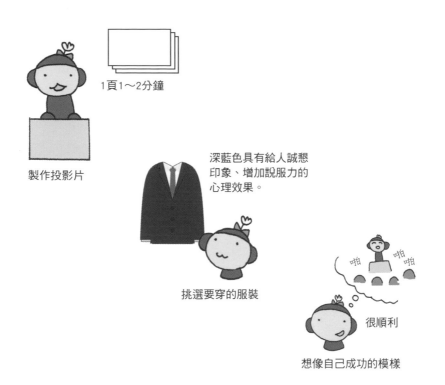

1頁1～2分鐘

製作投影片

深藍色具有給人誠懇印象、增加說服力的心理效果。

挑選要穿的服裝

啪　啪啪

很順利

想像自己成功的模樣

●讓負責人成為自己的同伴

　　還有一個方法，可以進一步緩和緊張情緒，並提高點子被採用的可能性。那就是讓客戶的負責人成為你的同伴。下一節中，將說明詳細的做法。

讓負責人「成為你的同伴」
～事前打招呼，為負責人的利益著想～

整理完資料後，到正式提案之前，可以詢問負責人，是否方便在事前先向他說明一次。日期最好訂在正式提案的數天前，不要拖到提案前一天。即便只是公司內部的企畫案，最好也要先向主管或相關部門的人說明一次，觀察他們的反應。

了解他們的想法後，可以獲得更具體的對策，到提案前的時間就可以用來進行資料修正或準備其他事項。像這樣的事前說明是非常重要的，人都有被他人依靠及被他人認同的需求，就算裡面存在利害關係，被人拜託的感覺總是不會差的。在事前跑一遍這個流程，就有可能把負責人拉過來，成為你的同伴。真誠地和負責人面對面，如果對方有什麼想討論，不妨敞開心胸，天南地北地聊聊各種事吧。準備充分了，無謂的緊張感也會降低。

此外，負責人通常不會是握有最終決定權的人。新企畫通過對你來說雖然是一大喜事，但對負責人來說，可能無法獲得什麼利益也說不定。基本上當企畫失敗時，往往是因為對方認為弊大於利，所以不願意積極替我們推動企畫。

請各位明白，提案對象的企業「因此獲利」，和對方窗口負責人「因此獲利」，完全是兩回事。就算你端出一個好點子，可能也只會得到「這個案子不錯」的回應，爾後便再無下文。要讓好點子通過提案，就必須在「對公司的好處」中夾帶「對負責人的好處」才行。無論你怎麼看待這樣的做法，現實就是如此。換言之，公司獲利後負責人才會獲利是不夠的，必須讓公司和負責人同時獲得好處，企畫才能順利推動。

製作企畫書時，要思考怎樣可以讓負責人在其公司內部的評價上升，從負責人的觀點切入，思考如何讓負責人可以更輕鬆地向他的主管報告（例如簡單易懂的表現手法、刻意使用專有名詞解說等）。

☑ 和對方負責人打好關係了嗎？

☑ 和對方負責人討論過了嗎？

☑ 是否和對方提過幾次你的點子了？

☑ 就算你不在場，負責人也能向其他人說明你的企畫書嗎？

☑ 是否向負責人本人傳達了對他有利的資訊？（專門性、異業或業界情報）

☑ 企畫書是否加入能讓負責人的評價提高、對負責人也有利的元素？

※ 要讓一個好案子不會只停留在「這個案子不錯啊」的階段。

準備 1 份效果好的投影片
～明視性和識別性～

使用投影片提案時，視覺上的呈現邏輯和紙本企畫書是不同的。製作投影片的資料時一定要留意兩點：從遠方也能清楚看見的**明視性（Legibility）**，以及分辨不同顏色差別的**識別性**。

● 文字大小在28 ～ 32字級

字級必須比紙本企畫書大。以A4大小的投影片為例，文字基本上以28 ～ 32字級為主，再依需求調整大小。

● 使用黑體文字

黑體是從遠處也能容易看得到的字體，投影片多半以條列式文字為主，黑體是很好的選項。

● 基本上1頁放5 ～ 6行文字

行數太多，從遠處就看不清楚。1頁最多放6行即可，超過7行就不容易閱讀了。

● 拉大行距

行距要設定得比紙本企畫書大。行距太小的話，從遠方不容易看清楚。

● 減少使用的顏色種類

顏色的種類過多，會導致視線分散。尤其在投影片上，顏

色最好不要超過3種。如果非得用上多種顏色時，紅色和橘色不要離太近，綠色和藍色也不要離太近，以免造成配色混亂。捷運路線圖的設計就有考量到顏色識別性。

●背景為明度較低的黑色或深藍色時，使用白色文字較易閱讀

黑色背景配白色文字，是從遠方也能辨識、明視性優良的組合。這是色彩學上前進色（Advancing Color）和後退色（Receding Color）之間的差異造成的現象，白色是前進色，黑色是後退色，因此把白色放在黑色前面，就會呈現浮出的效果。調整顏色對比時，就要留意這樣的明度差距。

製作投影片的重點

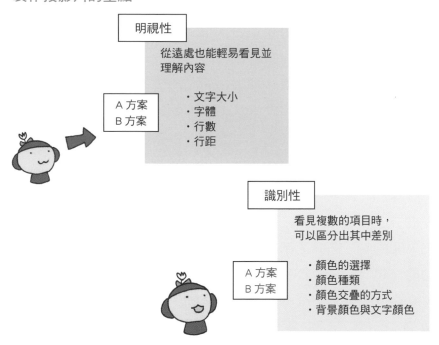

明視性

從遠處也能輕易看見並理解內容

A方案
B方案

・文字大小
・字體
・行數
・行距

識別性

看見複數的項目時，可以區分出其中差別

A方案
B方案

・顏色的選擇
・顏色種類
・顏色交疊的方式
・背景顏色與文字顏色

很多人不知道，在日本人男性中，20人就有1人所見到的顏色和他人不同（不易分辨深紅和深褐色、深綠和深褐色等）。因此在使用顏色時，要多加用心才行。

最初要有「簡介」，最後要有「總結」
～以有效的架構促進理解～

做好萬全的事前準備，工作就已經完成9成了。在最終決戰到來前，必須先掌握勝機。到了這個階段，幾乎已是勝券在握，不過最後還有一個小訣竅，可以讓你的想法更容易傳達出去。

提案開始時，最好先放入一段「簡介」，請參與者瀏覽目錄，介紹整個提案的流程。如果沒有足夠的時間說明或播放投影片，簡單說一句「關於今天的新商品，我準備了3個提案」也可以。**在開頭就先攤開整場提案的流程，是為了減輕參與者的心理負擔。**安排好的時程可以帶給人安心感，安心後就會放鬆下來。即便只是放鬆一點點，這樣的精神狀態都能讓參與者更容易接受你提出的方案。

參與者較少時，建議不要一開始就把所有資料發下去。因為這麼做，一定有人會先翻看後面的內容。人數少時，一張一張發放即可。不過，參與人數多的提案場合就不適用了。如果說到一半才開始發企畫書或提案書，會造成節奏中斷，給人手忙腳亂的負面印象，應該避免這樣的狀況。

雖然一開始就發下了企畫書或提案書，若是再加上一段「簡介」，就能稍微撫平參與者想翻看內頁的衝動。由此看來，開頭的「簡介」確實對提案有所幫助。除此之外，還可以加上一句「最後會接受各位的提問」。中途插入的提問會讓對方拿走主導權，降低參與者對提案的印象，更會打亂時間的分配。

接著就可以說明點子誕生的「背景」、點子的「目的」和

點子的「具體方案」了。「背景」和「目的」需要說明到什麼程度，依提案不同會有很大的差異。

如果覺得「這個企畫的重點，是讓客戶掌握目前的問題出在哪裡」，就要仔細地解釋「背景」；反之，如果不是特別重要，就不要在此多花時間，應該讓「具體方案」擔任提案的主角。

最後，再用「總結」簡單說明。

背景

這是目前的問題所在，因為如此才有這份提案。

↓

目的

以此為目標。

↓

用這種理論性的方式說明，
確實就會讓人覺得恍然大悟呢！

具體方案

所以需要這個方案。

最後再確認一次整個前因後果的邏輯，參與者就覺得這份提案「是必要的」。確切來說，是要讓參與者「深信如此」。此外，對於視覺性或較簡短的資訊（如外觀、標題等），我們特別容易受到第一印象的影響（**初始效應**的作用）。科學研究顯示，**在聽了大量的言語資訊後，則特別容易「被放在最後的資訊影響（時近效應）」**。

善用「比較」與「視覺」
～以有效的説明促進理解～

前面已說過，人會以「比較」作為判斷事物的基準，在提案時讓參與者有比較的對象，也是很重要的。舉例來說，關於提案的活動效果，與其只用

❶「預估將有12,000人到場」

這樣的數字呈現，因為沒有比較的對象，聽眾很難有具體的概念。

❷「預估將有12,000人到場，比去年增加3成」

或「預估將有12,000人到場，約占○○使用者的10%，可望創造良好的口碑宣傳效果」

只要像這樣加上一個比較對象，數字具備的意義就更清楚了。

基本上，無論是背景、目的或具體方案，只要準備一個「比較對象」，就能讓聽眾輕易理解你想呈現的效果有多好。跟什麼東西做比較也很重要，必須選擇一個效果顯著的比較對象。

另外還有一個比較進階的技巧，當缺少比較對象時，可以讓聽眾自己創造比較的對象。例如前面提到的「12,000人到場」，光聽這樣很難想像到底是多是少，這時就可以和類似的活動比較，說明「12,000人」究竟是多龐大的數字。

還有一個方法，就是「錨定」。在介紹企畫「背景」時，可以先讓聽眾對「10,000」留下「這個數字很大」的印象。接著在說明提案效果時，一聽到「12,000人」，就會產生「這個人數好多！」的想法。這便是行為經濟學和經濟心理學裡的**錨**

定效應（Anchoring Effect），聽眾先接觸的10,000這個數字成為「錨」，形成心裡下意識的判斷基準。最屬害的是，這個比較對象還不一定要是「人」。只要聽眾可以理解10,000這個數字的巨大，即使不是「10,000人」也無所謂。錨定效應可以悄悄地發揮滲透效果，請不要濫用在不良的事物上。

在各式各樣的心理效應中，錨定效應屬於特別強大的一種。

　　活用「視覺」，也是很有效的傳達方法。製作企畫書或提案書時，視覺性資訊自然是多多益善（只要不至於多到讓人覺得華而不實），使用投影簡報提案時，也應積極利用視覺性資訊，協助觀眾理解內容。

　　視覺的效果，也可以用在提案者自己身上。站在投影布幕旁邊說明時，**可以適當地搭配手勢和身體語言**。良好的手勢和身體語言，可以成為投影片、企畫書或提案書的輔助情報，給觀眾「這很不錯」的正面印象，加深記憶。

　　如果提案的內容不適合放入視覺性資訊（如照片、插圖、圖表等），就把文字視覺化吧。把數字的部分放大，形成圖片般的視覺效果，也是一種做法。原則就是避免畫面太單調，讓簡報有更多吸引目光的元素。

「溫和堅定」的效果
～容易被接受的說話方式、語調、聲音～

在提案的場合該用什麼方式說話比較好，應該也是許多人的煩惱。說話方式、語速、聲音質感等，取決於場合的特性，「是提案簡報？還是研討會和演講？」會有很大的不同。在研討會和演講時，豐富多變的說話方式可以勾起聽眾的興趣，但可不能傻傻地用相同的方式進行提案。

首先，說話速度要「慢」。根據一項針對語速和印象關係的調查，說話「慢」的人比較容易給人「信賴感」。我們都希望在提案時給人信賴感和堅定的自信感，所以就從容地報告吧。

接著，聲音的頻率要降低，低音也能帶來信賴感。高頻的聲音和高速的說話方式，雖然會讓聽眾覺得你的意見很坦率，但也會給人隨興而至的印象。

小孩的聲音高、說話快，是影響這方面印象的原因之一。聽到像孩子般高頻率的聲音時，人們容易下意識地判斷這樣的聲音雖然率直，但背後沒有理論基礎。此外，人在說謊或心虛時，說話速度也會變快，因為藉由高語速，可以讓對方無暇思考、難以插話。綜上所述，提案時最好可以使用較緩和低沉的聲音，以免在無意識中讓人產生負面印象。

據說1分鐘約300字的頻率，是人可以聽清楚的說話速度。提案時可以稍微再慢一些，用1分鐘250～300字的速度說話。

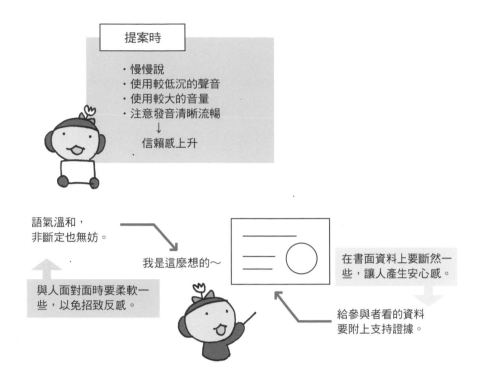

提案時

・慢慢說
・使用較低沉的聲音
・使用較大的音量
・注意發音清晰流暢
↓
信賴感上升

語氣溫和，
非斷定也無妨。

我是這麼想的～

在書面資料上要斷然一些，讓人產生安心感。

與人面對面時要柔軟一些，以免招致反感。

給參與者看的資料要附上支持證據。

　　再來是語氣。前面說明過，在企畫書和提案書上，使用語氣斷然的「書面語」效果較好。不過在提案簡報時，這樣的語氣反而有踢到鐵板的風險。提案簡報中可能也會有高層人士出席，許多處於高位的人聽到「書面語」時，會覺得自己被推銷，因而拒絕。所以最好使用柔軟有禮的「尊敬語氣」。

　　另外，一臉得意、炫耀般地使用大量專有名詞，同樣並非良策。片面斷定的語氣也不討喜，當高層人士對你的斷定語氣心生不悅，最後就可能導致整個企畫都被否定。在與人面對面提案時，建議使用「我是這麼想的」「我認為應該是這樣」的柔軟語氣。唯獨在企畫書和提案書、投影片上，還是要確實地使用理論性的「書面語」。語氣上雖然是「我想～」，然而實際上還是「斷定」的。

「重複」與「沉默」
～演練與靜默的效果～

　　單調平淡的說明方式，對提案簡報是不利的。在研討會或演講場合，還能幽默打趣讓聽眾笑出來，但提案時很難讓人發笑，也沒有必要讓人發笑。這種時候，可以有意識地使用「重複」與「沉默」的技巧。

　　無論如何都想把重要的訊息傳達給對方時，可以「重複」重點的部分。不需要先說「這邊是重點，我再說一次」或「重複一次」，特別說出來的話，意圖會太過明顯。只要自然地把想傳達的內容再說一遍即可，對方內心深處便會默默留下「這邊重複說了，一定很重要」的印象。在序章說明記憶時也提過，短期記憶經過重複後就能轉化為長期記憶。

　　在結論時自然地重複，或在提及重點事項的一段時間後再次提起，用這樣的方式加深參與者的印象吧。

重複的效果

· 容易讓對方記住。

· 加以強調，讓對方理解這是「重點」。

　　除此之外，利用「沉默」，也可以加強觀眾對提案重點部分的印象。說到重要的內容時，刻意停頓一下，製造一段空白的間隔。如果喋喋不休地說個不停，有時會變得像背景音樂一般，讓聽者左耳進右耳出。例如比起「對此許多人都十分關心，因此A是適合的方案」這種連續不斷的敘述，「對此，許多人都十分關心……因此，A便是適合的方案。」的表達方式，更能讓對方留下印象。

　　另外，沉默往往令人在意，當場面突然安靜下來時，便會想說「怎麼了？」而抬起頭來。如果想讓埋頭看資料的人注意自己，不用直接說「請看我這邊」，只要插入一段沉默就好了。

　　沉默的時刻不僅有「強調」的效果，也可望激發對方對自己的興趣。

　　在提案時讓對方「能夠為之思考」也是很重要的。不是「請之後再想」，而是「麻煩現在就想想看」。讓對方覺得你的提案很棒的最佳時機，可不是「之後」，而是正在進行提案「此時此刻」的瞬間。創造一個讓參與者思考，並感受到「啊，這個不錯」的時刻，也是一種技術。

沉默的效果

・沉默時，眾人的目光會集中過來。

・也可以趁機讓大家思考。

・可以強調接下來要說的話。

要「厚待」在提案時點頭的人
～戰略性眼神接觸～

在提案進行時,該看向哪裡好呢?基本上,把目光平均分配在每個參與者臉上就行。可別一直低頭盯著手上的資料說明,或邊看投影片邊講解,這樣的動作會下意識地給人「缺乏自信」的印象。要抬頭挺胸,將眼光投向所有人,**和參與者視線接觸是很重要的**。實驗已經證明,當我們想拜託別人做事時,四目相交會提高對方接受的機率。因此簡報時要儘量和所有人的目光接觸,以增加提案通過的機會。進行簡報的人必須把自己當成「演員」,在「提案」這個故事中,以視線和動作把案子的優點傳達出去。

這邊有一個小技巧。請從參與者中選出兩類人(或兩個人),與他們特別進行視線交流。其中一組是地位最高、握有最終決定權的人,多多對他們投以關注、留意他們的反應。如果知道具體是誰,就直接看那些人;如果不知道是誰,就看向你對面正中央座位的人。地位愈高的人,愈會想受到特殊待遇。稍微多分配一點視線在他們身上,表現出「您是特殊人士」的態度,對方就能確實感受到自己是特別的。重點在於「稍微多一點」的程度,有些地位高的人雖然想擁有特權,但又不喜歡太過露骨。如果放在他身上的注意力過多,反而可能會在他心中留下負面印象,也會讓負責人和其他出席者覺得無趣。要避免這樣的狀況,只要稍微「厚待」高階人士即可,仍然必須與其他人保持眼神接觸。

另一類人,則是支持你的提案的「粉絲」。進行簡報時,台下可能會有一、兩個人對你的說明頻頻點頭。他們很認同你

所說的內容，對此有強烈同感，換句話說，這些人就是你的粉絲。無論在偶像業界或簡報業界，重視粉絲都是不可動搖的鐵則。因此，對於這些點頭稱是的人，也要給予目光上的「厚待」。像這種和粉絲相互溝通的感覺，可以為整場簡報帶來良好的氣氛。記得保持和上述兩類人士，以及對方負責人的視線交流，就堪稱完美了。

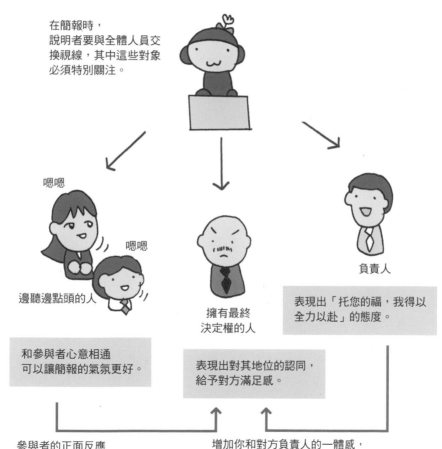

在簡報時，說明者要與全體人員交換視線，其中這些對象必須特別關注。

嗯嗯

嗯嗯

邊聽邊點頭的人

擁有最終決定權的人

負責人

和參與者心意相通可以讓簡報的氣氛更好。

表現出對其地位的認同，給予對方滿足感。

表現出「托您的福，我得以全力以赴」的態度。

參與者的正面反應會成為主管下決定的判斷因素之一。

增加你和對方負責人的一體感，就能進一步提高他向最終決定權者推薦你的可能。

「易懂性」需建立在「捨棄」與「連結」
～用捨棄與連結掌控整場提案～

　　「雖然不知道會不會成功，不過好像很有趣，就做做看吧」「雖然搞不太懂，還是試看看吧」在泡沫經濟的年代，很多人都是這樣下判斷的。不過現在的企業更加在意損失規避性，對於「難以理解」的東西，就不太願意去挑戰。

　　在進行提案簡報時，一定要非常注重「易懂性」。但不需要真的讓內容「很容易理解」，只要創造出「看起來很好懂的模樣」就行了。易懂性並不僅止於外在表現，要順利創造這樣的印象，必須具備兩大要素。

　　第一點，就是資訊不能過多。因為覺得「這是我辛苦做的資料所以想放進去」，或是「不知道聽眾會被什麼吸引，所以就先都放進去」的心理，往往就會讓文件或投影片塞滿資訊。然而實際上，過多的資訊會妨礙理解，導致聽眾精神難以集中，產生這份提案很難懂的印象。既然還會準備提案書或企畫書，簡報時的資訊量就要儘量收斂。資訊過多時，可能連自己都會被搞混。一言以蔽之，**「易讀性」也是對於資訊的「捨棄」**。

　　另一點，就是本書已多次提及的，提案簡報中的理論過程。換言之，就是按照下面幾個項目準備即可：

❶ 在這樣的背景下
❷ 以此為目的 〈Why〉
❸ 因此對於這些人來說 〈Who〉
❹ 需要這個方向的東西 〈What〉
❺ 所以這就是具體的點子 〈What〉
❻ 並且有這樣的證據（資料、理論）支持
❼ 以這樣的時程安排 〈When〉
❽ 擁有這樣的執行團隊和體制，方得以實現 〈How〉
❾ 會花費這些預算 〈How much〉
❿ 在這個地方 〈Where〉
⓫ 在這個期間執行 〈How long〉

以上述流程將資訊相互連結，讓聽眾理解（或認為自己理解了），產生「很淺顯易懂」的感覺。在說明提案內容時，要將這一點放在心上。你已經從本書中學到理論性的思考及組織方式，一定可以勝任的。

《創造易懂性的重點》

(1) 要確認自己是否確實理解了。
(2) 捨棄資訊，不要因焦慮而塞進太多東西。
(3) 資訊與資訊之間，要以理論基礎相互連結。

咦？

自己要先確實理解

捨棄資訊

目標是往這個方向前進 → 所以需要這個

連結資訊

「熱情」可以推動提案
～強烈的情感可以改變人的思考～

　　針對點子的「創造方法」「展現方法」和「傳達方法」，本書使用具科學理論的角度說明，而非僅倚賴經驗法則。內容均建立在最新的腦科學知識，以及各種心理學的實驗上。

　　最後一節，筆者希望說一件聽起來有些感性的事。**將提案簡報導向成功的關鍵，是「熱情」**。Pawpaw Poroduction 至今已執行超過150場的簡報，包括企業問題點的改善、新商品提案、活動提案等，業種也遍及娛樂、時尚、飲食、體育、製造、影視、百貨和醫療相關行業等。筆者覺得，在我方表現出「熱情」時，參與者的反應也是最好的。「希望這項企畫可以實施」「希望各位可以採用這個點子」，因為這樣熱烈的情緒，讓企業願意推動提案的經歷並不算少。在重視「易懂性」的現代社會，人們為何還是會受到熱情的鼓動呢？

　　希望各位不要把這簡化為單純的情感論，為什麼「熱情」可以推動他人，背後也是有原因的。許多大企業都擁有相同的煩惱，而當組織愈大，內部願意心懷熱情提出方案的人就愈少。愈是大型組織，這樣的傾向愈明顯。

　　問題不出在個人身上，而是在於無法孕育出個人熱情的體系，這也是無可奈何。然而，組織的最高層可不是唯唯諾諾的應聲蟲。他們總是期待著，可以有人拿出熱情的提案。組織培養了一群唯命是從的人，卻又期望他們拿出熱情的提案，造就了矛盾的狀態。這種時候，來自外部的熱情看起來就會很新鮮，讓人產生也想推動什麼企畫的心情。有的經營者對於難懂的提案雖然不買單，對熱情的提案卻會動心。不只外部，企業

其實也希望內部有願意提出這樣熱情提案的人。

　　當然，從一開始就馬力全開、卯足全力地解說，也會令人吃不消。最好先以冷靜的態度切入，隨著流程進展再逐漸加溫。當你從冷靜轉為熱情，特別熱烈的部分就會受到注意。要善用這種情感上的對比效應，如果可以表現出「其實我原本不是這麼熱情的人，但為了貴公司，我願意像這樣全心投入」的衝勁就更好了。

　　以控制情感的角度來說，提案者確實必須像一個演員才行。在本書的最後，希望提醒各位要善加利用情感，來掌控你的簡報。

無論如何，
都希望貴公司
能執行這個企畫。

無論如何都「希望提案通過」
的熱情，可以成為推動他人的力量。

許多經營者都期待著熱情提案的出現。
無論對公司內或公司外，具備理論基礎
的熱情說明，就是最強的武器。

後　記

　　在這個競爭激烈的殘酷社會中，無論學生或社會人士，都很容易迷失自我。何處才是我的依歸？怎麼樣才是我真正的模樣？自己的存在位置愈來愈模糊。成為組織的一員後，這樣的問題會更加明顯。口口聲聲要你有自己的個性，但若是真的突顯出個性，馬上就會被打回去，這就是現代社會。

　　不過，筆者認為正因為生活在這樣的時代，我們才更需要「個性」。擁有和他人不同的想法、不同的發現，並自由地表現出來吧！隨心所欲、自由地將既有的資訊「增加」「減少」「誇張化」「顛覆」，創造出屬於自己的點子。希望各位不會在龐大的組織中

隨波逐流，能夠表達自己真正的想法。

　　這世上不存在什麼「創意天才」，就算有，那也只是「編修資訊的天才」罷了。沒什麼好害怕的，只要熟悉相關技巧後，你也能很快達到相近的境界。你一定做得到，好點子會出現的。

　　讀完本書後，你會應該明白「不要模仿別人的點子」是一句多麼荒謬的話了。你要盡量模仿，同時也不僅止於模仿，要自己加以重組編修，找到屬於自己的模樣就行了，這正是「創造性的真面目」。

　　希望各位能以本書為契機，開始對各種創造點子的方式產生興趣，並思考「如果是我會怎麼做」。養成這樣的習慣後，我深信點子便會從你腦海中不斷湧現，讓你的生活更加多彩多姿。

　　享受「創造」點子的過程，
　　感受「展現」點子的樂趣，
　　並在「傳達」點子中獲得快樂吧！

Pawpaw Poroduction

《 参 考 文 獻 》

『ぜんぶわかる脳の辞典』　坂井建雄、久光 正/監修
（成美堂出版、2011年）

『脳力のしくみ』（ニュートン別冊）　（ニュートンプレス、2014年）

『認知脳科学』　嶋田総太郎/著（コロナ社、2017年）

『脳科学の教科書　神経編』　理化学研究所脳科学総合研究センター /編集
（岩波書店、2011年）

『自己と他者を認識する脳のサーキット』　浅場明莉/著、一戸紀考/監修、市川眞澄/編
（共立出版、2017年）

『脳内研究の最前線　上』　理化学研究所脳科学総合研究センター /編集
（講談社、2007年）

『澤口教授の暮らしに活かせる脳科学講座』　澤口俊之/著（KKロングセラーズ、2001年）

『理系のための口頭発表術』　ロバート. R. H. アンホルト/著、鈴木 炎/訳
（講談社、2008年）

『企画脳』　秋本康/著（PHP研究所、2009年）

『アイデアのつくり方』　ジェームス. W. ヤング/著、今井茂雄/訳
（阪急コミュニケーションズ、1988年）

『スタンフォード式　最高の睡眠』　西野精治/著（サンマーク出版、2017年）

『共感する脳』　有田秀穂/著（PHP研究所、2009年）

『考える力をつくるノート』　茂木健一郎 他/著（講談社、2010年）

『発想の道具箱』　中島孝志/著（青春出版社、2008年）

『しまった!「失敗の心理」を科学する』　ジョゼフ. T. ハリナン/著、栗原百代/訳
（講談社、2010年）

『予想通りに不合理』　ダン. アリエリー /著、熊谷淳子/訳
（早川書房、2008年）

『合理的選択』　イツァーク. ギルボア/著、松井彰彦/訳
（みすず書房、2013年）

『マンガでわかる行動経済学』　ポーポー. ポロダクション/著
（SBクリエイティブ、2014年）

『マンガでわかる色のおもしろ心理学』　ポーポー. ポロダクション著
（SBクリエイティブ、2006年）

※ 此外亦參考大量論文及相關網站。
　執筆撰寫本書過程中，承蒙許多醫療從業人員及腦科學家提供寶貴意見，在此致上感謝。

索引

英數

1個人的腦力激盪	80
5個為什麼分析法	78
6階段點子思考法	18
θ 波	92

ㄅ

比馬龍效應	50
筆記	32、69、80、92、96、103
稟賦效應	59

ㄇ

明視性	168
脈絡效應	160
錨定效應	172

ㄉ

多巴胺	40、42、47、90
短期記憶	28、92、176
對比效應	48、183
點子接龍	104

ㄊ

褪黑激素	90

ㄌ

羅生門效應	39
邏輯樹	84

ㄍ

工作記憶	28

ㄎ

刻板印象	38
框架	60、74、88

ㄏ

霍桑效應	50

ㄐ

假設思考法	82
覺察效應	98

ㄒ

血清素	42、45、90、93
宣洩效應	99

ㄓ

正腎上腺素	90

ㄔ

初始效應	131、132、140、171
承認需求	24、72
長期記憶	28、176

ㄕ

時近效應	171
識別性	168

ㄗ

自尊心	47、59
自證預言	41
尊重需求	24

ㄙ

損失規避	36、46、48、118、148、180

ㄧ

一頁企畫書	122、124、154、156、158
演練	30、33、162、176

ㄩ

月暈效應	52、59

ㄡ

偶然機運	102

國家圖書館出版品預行編目（CIP）資料

創造點子的科學：結合腦科學與心理學，將靈光一閃的腦中迷霧，
化為具說服力的好企畫！／Pawpaw Poroduction 著；黃姿瑋譯.
-- 初版 . -- 臺中市：晨星出版有限公司，2022.02
面；　公分 . --（知的！；191）

譯自：アイデアの科学

ISBN 978-626-320-052-4（平裝）

1.創造力　2.創造性思考

176.4　　　　　　　　　　　　　　　　　　110021638

知
的
！

191

創造點子的科學

結合腦科學與心理學，將靈光一閃的腦中迷霧，
化為具說服力的好企畫！

アイデアの科学

填回函，送 Ecoupon

作者	Pawpaw Poroduction
插畫	Pawpaw Poroduction
內文圖版	Kunimedia 股份有限公司
譯者	黃姿瑋
編輯	吳雨書
封面設計	陳語萱
美術設計	黃偵瑜
創辦人	陳銘民
發行所	晨星出版有限公司 407台中市西屯區工業30路1號1樓 TEL：（04）23595820　FAX：（04）23550581 E-mail:service@morningstar.com.tw http://www.morningstar.com.tw 行政院新聞局局版台業字第2500號
法律顧問	陳思成律師
初版	西元2022年02月15日　初版1刷
讀者服務專線 讀者傳真專線 讀者專用信箱 網路書店 郵政劃撥	TEL：（02）23672044 /（04）23595819#212 FAX：（02）23635741 /（04）23595493 service@morningstar.com.tw http://www.morningstar.com.tw 15060393（知己圖書股份有限公司）
印刷	上好印刷股份有限公司

定價370元

（缺頁或破損的書，請寄回更換）